金融学

从入门到精通

武永梅◎著

江西人民出版社
Jiangxi People's Publishing House
全国百佳出版社

图书在版编目（CIP）数据

金融学从入门到精通 / 武永梅著. — 南昌 : 江西人民出版社, 2017.9（2021.10重印）

ISBN 978-7-210-09638-2

Ⅰ.①金… Ⅱ.①武… Ⅲ.①金融学 Ⅳ.①F830

中国版本图书馆CIP数据核字(2017)第196488号

金融学从入门到精通

武永梅 / 著

责任编辑 / 冯雪松

出版发行 / 江西人民出版社

印刷 / 衡水泰源印刷有限公司

版次 / 2017年9月第1版

2021年10月第5次印刷

710毫米×1000毫米 1/16 14印张

字数 / 213千字

ISBN 978-7-210-09638-2

定价 / 39.80元

赣版权登字-01-2017-613

前言

为什么GDP快速增长我们的钱还不够花？

股票真的能让人一夜暴富吗？

我们要如何应付那些时常出现的保险业务员？

金融危机来了，我们该如何理性应对？

其实，在现实生活中，金融与我们息息相关。譬如，出国要进行外币汇兑业务、利率与储蓄密切相关、通货膨胀随时都可能影响吃穿用度……每个人日常生活的点滴行为都会有意无意地运用金融学规律进行选择和取舍，消费、投资、理财、融资、借贷……可以说，我们的生活早就被“金融化”了。

随着现代社会的快速发展，财富日渐金融化、虚拟化，如果你不懂金融，面对那些金融事件、金融现象、金融调控和金融活动的新闻报道时只会一头雾水，不知其所以然。

金融学是一门“经世致用”的学科，如果说经济学让人更快乐，那么金融学无疑会让人更加懂得生活的智慧。所以，我们需要知道一些常识性的金融知识，能够解读发生在我们身边的金融现象，这些基础的金融知识能帮助我们正确处理自己的金融事务。当然，我们不需要成为金融专家，也不需要研究深奥的金融理论和晦涩难懂的专业术语，我们只需要在金融这个新天地里知道自己在做什么，自己不能做什么……

为了更加透彻地阐释金融学的内涵，本书运用浅显易懂的笔墨让读者在愉悦中迅速学会运用金融学的视角和思维观察、剖析种种生活现象，从而睿智、理性地做出决策，以此指导自己的行为，减少生活中不必要的成本，以最小的投入获得最大的收益。

如果你能在百忙之中抽出片刻时间，每天读点金融学常识，在放松中学习，在学习中放松，逐渐认识和理解金融学的基本知识，那么，你对金融学的理解将会达到一个新的高度，你会明白如何在压力与繁忙之中保持一份轻松、从容和淡定，如何更聪明、更精彩地生活。

目录

金融学名词：读懂国民经济活动的指标术语

金融学原理：贫者越贫、富者越富的奥秘

货币：“钱”是个什么东西

汇率：与外国人做买卖要懂汇率

通胀与通缩："金融流感"的影响

金融危机：虚幻的金融泡沫

金融资本投资：让财富滚雪球

金融学名词

读懂国民经济活动的指标术语

想要读懂国民经济，就必须先了解一些最基本的金融名词，比如GDP、GNP、GNI，以及CPI、PPI。明白了这些概念，你才看得懂经济指标，懂得如何投资理财，知道怎样花钱才能提高幸福指数，从而让你的生活变得从容。

GDP（国内生产总值）——体现国家经济的标尺

如今，在大量经济新闻中，我们经常听到我国经济增长速度达到百分之多少，当年的GDP又突破了多少万亿元人民币。那么，什么是GDP呢？

GDP是Gross Domestic Product（国内生产总值）的简称，被公认为是衡量一个国家总体经济状况的重要指标，它不仅可以反映一个国家的经济状况，更可以反映一国的国力与财富。

国内生产总值是指一个国家或地区的所有常住单位在一定时期内（一个季度或一年）所生产和提供的最终产品和劳务的价值总和。它反映的是一个国家或一个地区在一定时期内新创造物质财富的总额。

“一个国家或一个地区”的计量范围涵盖本国或本地“辖区内”国民经济的主体，包括所有企业或个人。也就是说，只要你在本辖区内投资设厂，所生产的产品和提供的服务就算是本地区的GDP，而不管投资者是本地人还是外地人，也不管投资者是本国人还是外国人。

一般来说，国内生产总值由四个不同部分组成，包括消费、私人投资、政府支出和净出口额。用公式表示为：

$$GDP=CA+I+CB+X$$

其中，CA为消费，I为私人投资，CB为政府支出，X为净出口额。

GDP统计必须是以一定时期内新创造的最终产品计算，中间产品不能计入，否则会导致重复计算。

所谓最终产品，是指在一定时期内生产的可供人们直接消费或者使用的物品和服务。这部分产品已经到达生产的最后阶段，不能再作为原料或半成品投入其他产品和劳务的生产过程中去，如消费品、资本品等，一般在最终消费品市场上进行销售。中间产品是指为了再加工或者转卖用于供别种产品生产使用的物品和劳务，如原材料、燃料等。

美国经济学家保罗·萨缪尔森认为，GDP是20世纪最伟大的发明之一。他将GDP比作描述天气的卫星云图，能够提供经济状况的完整图像，能够帮助领导者判断经济是在萎缩还是在膨胀，是需要刺激还是需要控制，是处于严重衰退还是处于通胀威胁之中。如果没有GDP这样的总量指标，政策制定者就会陷入杂乱无章的数字海洋而不知所措。这一点确实不假，如果没有GDP这个指标，我们就无法将国与国之间的经济实力进行比较。

近年来，随着经济总量不断增加，我国GDP总量已超过日本，成为世界第二大经济体。现在全世界都在关注中国经济，关注中国经济的增长，中国已经成为世界经济的一个引擎。但是我们大多数人并不会觉得我们比日本人更富，因为这其中还涉及人均GDP、绿色GDP等概念。

人均国内生产总值，即“人均GDP”，是一个国家或地区在核算期内（通常是一年）实现的国内生产总值与所属范围内的常住人口（或户籍人口）的比值。人均GDP是衡量一国人民生活水平的一个标准。绿色经济GDP，即“绿色GDP”，即从GDP中扣除自然资源耗减价值与环境污染损失价值后剩余的国内生产总值，也被称为可持续发展国内生产总值。由此，我们不难发现，GDP总量决定了一国的总体经济实力和市场规模大小。人均GDP反映了一国国民的富裕程度，绿色GDP则表明了一国经济可持续发展能力的大小。

GDP核算有三种方法，即生产法、收入法、支出法，三种方法从不同的角度反映国民经济生产活动成果，理论上三种方法的核算结果相同。

1. 生产法

生产法是从生产的角度衡量常住单位在核算期内新创造价值的一种方法，即从国民经济各个部门在核算期内生产的总产品价值中扣除生产过程中投入的中间产品价值，得到增加值。核算公式为：

增加值=总产出−中间投入

2. 收入法

收入法是从生产过程形成收入的角度，对常住单位的生产活动成果进行核算。按照这种核算方法，增加值由固定资产折旧、劳动者报酬、生产税净额和营业盈余四部分相加得到。例如，当我们投资企业的时候，购买了100万元固定资产，年折旧率是10%，每年就有10万元的折旧费，即固定资产折旧；劳动者报酬，即劳动者从事生产活动所获得的全部报酬；生产税净额，是指一定时期内企业应向政府交纳的生产税减去生产补贴后的差额；营业盈余，也就是企业家盈利的部分。

3. 支出法

支出法是从最终使用的角度衡量核算期内产品和服务的最终去向，包括最终消费支出、资本形成总额和净出口三个部分。从支出的角度来看，总消费、总投资、净出口这三部分构成了GDP，由此我们就得到一个清晰的计算公式：

GDP=总消费+总投资+净出口

公式中这个“净”字，表示出口减去进口。宏观经济常常出现一个“净”字，例如，一国出口1200亿美元，进口1000亿美元，那么，出口多出的这200亿美元就记入该国的GDP。因此不难理解为什么有些国家一直刺激出口，因为出口会增加国家的GDP。

虽然GDP说起来宏大而抽象，但它却有非常现实的应用价值。比如，我国加入世界贸易组织时，争议时间最长的内容之一，就是我国究竟是以发展中国家身份加入，还是以中等发达国家身份加入。依据什么来判断呢？依据我国的人均GDP，2001年时我国人均GDP不足1000美元，属于发展中国家定义范围之内。如果我国不是以发展中国家身份加入世界贸易组织，就没有相应的优惠条件，也没有5年时间的过渡期，并且还要承担与国家实力不相符的国际义务。而争取到5年的过渡期，对处于转型中的我国来说是十分重要的。

2015年我国GDP为67.67万亿元，人均5.2万元，人均收入并不高。其实，居民的幸福感主要是随着人均收入的增长而提高的。因此，转变我们的经济增长方式，把GDP的增长与老百姓的真实幸福感统一起来，才能真正增强经济竞争力，使国家富强起来。

对于企业或个人来说，GDP包含了非常重要的信息，其不仅描绘了整个经济的状态，还告诉投资者整个经济未来的走势。

总之，健康的GDP增长通常有助于为企业带来更好的盈利，因此保持GDP稳健增长是国家规划中的重要任务。

GNP（国民生产总值）——真正属于自己的价值

GNP是Gross National Product（国民生产总值）的简称，是指一个国家或地区范围内的所有常住单位在一定时期内所生产的最终产品的价值的总和。

例如一个在日本工作的美国公民所创造的财富计入美国的GNP，但不计入美国的GDP，而是计入日本的GDP。在1991年之前，美国均采用GNP作为经济总产出的基本测量指标，后来因为大多数国家都采用GDP，加之国外净收入数据不足，GDP相对于GNP来说是衡量国内就业潜力的更好指标，易于测量，所以美国才改用GDP。

这里的国民是指包括本国或本地区的公民以及常住外国或其他地区，但未加入外国籍的居民，其所获得的收入叫作“从国外得到的要素收入”，应该计入本国国民生产总值，而外国公司在该国子公司的利润收入则不应该被计入。诸如目前很多中国人去美国定居、生活或投资创业，只要他们还是中国国籍，他们的收入就要算入我国的国民生产总值内。同理，很多外国公司在我国开设的分公司，其所创造的利润则不能计入我国的国民生产总值。

为了更深刻地理解GDP和GNP这两个概念，我们不妨举个例子进行说明：

某公司一年在本国的产值是1000亿美元，国外所有的分公司的净利润为2000亿美元，国内的外籍员工的工资是1亿美元。那么，这个公司为国家创造的GDP就是1000亿美元。而GNP包括国土内和国土外的所有收入，这个公司为国家GNP做的贡献=1000亿美元（在国内的收入）-1亿美元（外国员工拿走的）+2000亿美元（来自国外的净利润）=2999亿美元。

从这个例子我们可以看出，虽然是同一个公司，但是它对国家GNP和GDP的贡献却相差很大。由此可见，GDP和GNP是两个既有联系又有区别的指标，虽然它们都是核算社会生产成果和反映宏观经济的总量指标，但因为计算口径不相同，二者反映的国家经济的方面也不同。

我们可以把GNP用数学公式来表述：

GNP=GDP+国外净要素收入

国外净要素收入=从国外得到的要素收入-支付给国外的要素收入

掌握了上面这个公式，我们就可以轻松算出一个国家在某一段时间内GNP的总值了。那么，了解一个国家的GNP有什么实际意义呢？

1. GNP能比较真实地反映一国国民的生活水平

GNP是本国国民生产的总产值，当然比GDP反映的要真实一些。外资在该国的产值再大，也不是该国的。国民生产总值越高，个人平均所得也越高。

2. 以GNP制定经济政策更加科学

以GDP或者GNP作为经济政策的主要追求目标，在一定的GDP水平下，会导致本国人民的富裕程度不同。如果一个国家或地区在经济政策上更为推崇GDP，那么它在经济政策的取向上必然就是单纯地追求GDP总量的增长，这样不论是本国企业，还是外资企业，只要能把GDP做大就行，而在GDP增长的同时，一定程度上也增加政府的税收收入。注重

GDP的国家或地区更倾心于招商引资，会把招商引资作为经济工作的重中之重。

如果更为推崇GNP，那就不仅仅是要求经济的增长，还要求必须是本国、本地区的企业促进经济的增长。在GNP增长的过程中，政府不仅增加了税收收入，企业和民众也得到了实实在在的盈利。注重GNP的国家地区则更重视本国企业的发展，会支持包括国有企业和民营企业在内的本国企业在创造经济价值中的活动。

这一方面的典型案例是新苏南模式和温州模式的比较。2004年，随着苏州经济一路高歌，GDP总量首超深圳，新苏南模式达到了中国经济发展样板的制高点。但这些掩盖不了新苏南模式的缺陷，被喻为“只长骨头不长肉”，GDP上去了，政府的财政收入上去了，老百姓的口袋仍是鼓不起来，利润的大头被外企拿走，本地人拿的只是一点打工钱。2004年苏州的GDP是温州GDP的两倍，但苏州老百姓的人均收入是温州的一半。

20世纪90年代以前，世界各国主要侧重采用GNP和人均GNP衡量经济增长和经济实力。但进入90年代后，96%的国家纷纷放弃GNP和人均GNP，而开始重点采用GDP和人均GDP来衡量经济增长快慢以及经济实力的强弱。

例如美国波音公司对GDP的贡献足够大，然而它对GNP的贡献更是大得惊人，因为它的2万多种零部件在美国以外的40多个国家生产，而波音公司的总部只是一个装配企业。同样，美国沃尔玛的GDP也很起眼，它的GNP更是力压群雄，分布在世界各地的3000多家沃尔玛连锁店，创造了世界500强营业额排名第一的佳绩。

因此，在那些跨国公司数量较多的发达国家，在GDP增长的同时，它们的GNP发展速度也十分迅速，由此产品的质量更好、企业的效益更高，整个社会经济由投资驱动型开始向技术创新驱动型转变，可谓是创造了实实在在的繁荣。在我国，也有一些先知先觉者开始把企业发展的重点转向追求GNP。海尔集团就是一个例子，它把分厂办到了“海尔”的故乡德国，把产销的触角伸向美国，甚至还建起了令中国人自豪的海尔路。

3. GNP更能反映一个国家的综合经济实力

在一定程度上，国际竞争就是GNP竞争，GNP更能反映出一个国家的综合经济实力。一个国家、一个地区的发展要靠本国企业的支撑，所以，要着重培养自己的民族品牌，打造强大的本土企业。许多发达国家的GNP都大于GDP，因为发达国家的企业到海外投资多，他们在国内和国外共同创造的总经济价值远远高于国内生产总值，而许多发展中国家的情形则截然相反，因为缺少大型的跨国企业，无法创造海外利益，这些国家的GNP常常小于GDP的增长。如果我们想在经济增长中不仅是简单地做大，而是要有实实在在的盈利，就必须适时地给予GNP以高度重视。

为了适应社会主义市场经济发展，以及中国加入世贸组织和国际货币基金组织数据通用公布系统（GDDS）的要求，中国从2003年开始采用1993SNA的标准称谓，统计术语GNP改用GNI，两个数据的统计口径基本一致。

GNI（国民总收入）——"3G"新宠

GNI是Gross National Income（国民总收入）的简称，是一个国家所有常住单位在一定时期内（通常是1年）获得的劳动者报酬、生产税、补贴、固定资产折旧、营业盈余和财产收入等原始收入总额。人均国民总收入是指国民总收入除以年均人口，与人均国民生产总值（GNP）相等，与人均国内生产总值（GDP）大致相当。

GNI可以理解为GDP加上来自国外的要素收入减去对国外的要素支出。如果GNI增长率超过GNP增长率，就意味着国民收入的增加和生活水平的提高超过了经济的名义增长。GNI是个收入概念，GNP是个生产概念。

世界银行根据人均国民总收入，对世界各国的经济发展水平进行分组。通常把世界各国分成四组，即低收入国家、中等偏下收入国家、中等偏上收入国家和高收入国家。但这些标准不是固定不变的，而是随着经济的发展不断进行调整的。

按世界银行公布的数据，2015年的最新收入分组标准为：人均GNI低于1025美元的是低收入经济体，1026～4035美元的是中低收入经济体，4036～12475美元的是中高收入经济体，高于12476美元的是高收入经济体，人均GNI小于1185美元的经济体可以享受IDA贷款。

2013—2015年，我国国内生产总值年均增长率为7.3%，远高于世界同期2.4%（世界银行数据）的平均水平，明显高于美、欧、日等发达经济体和巴西、俄罗斯、南非等金砖国家。我国依然是世界经济增长的最重要引擎，2013—2015年我国对世界经济增长的贡献率平均约为26%。

自我国超越日本成为世界第二大经济体以来，国内生产总值稳居世界第二位，占世界经济总量的比重逐年上升。人均国民总收入大幅增加，并不断迈上新台阶。据世界银行按图表集法统计，2012年人均GNI为5870美元，2013年达到6710美元，2014年达到7400美元，2015年增加到约7880美元。

根据世界银行公布的收入分组标准，2010年我国实现了由中等偏下收入水平到中等偏上水平的重大跨越，人均GNI相当于中等偏上收入国家的平均水平，从2012年的84.5%提高到2014年的93.7%。

我国人均GNI与世界平均水平的差距也大幅缩小，相当于世界平均水平的比例由2012年的56.5%提升到2014年的68.6%，缩小了12.1个百分点。

在世界银行公布的214个国家（地区）人均GNI排名中，我国由2012年的第112位上升到2014年的第100位，前进了12位。2012—2014年，我国人均GNI年均增速达到7.3%，远高于世界的平均增长水平及高收入国家的增长水平。

按照2011年世界银行的标准，中国已成为中上等收入国家。大家也都知道，中国在许多经济总量指标上已在全球数一数二。比如，外汇储备全球第一，GDP全球第二，出口全球第一，汽车全球销售第一，石油消费全球第二……但大家也知道，中国人多地广，经济发展不能光看总量，关键要看人均拥有量。据有关部门报告称即使以人均国民总收入来计算，中国也已经跻身中上等收入国家行业。

不过，国家经济实力不等同于国民消费实力，国家经济实力越发雄厚并不等于国民的腰包也同步鼓了起来。

另外，很多国家成为中上等收入国家后，都会面临经济增长放缓、人均收入难以提高的“中等收入陷阱”的考验，对此，建议可以通过提高产业竞争力以提高整体国民的收入水平。

CPI（消费者物价指数）——通货膨胀的预警器

CPI是Consumer Price Index（消费者物价指数）的简称，是一个反映居民家庭一般所购买的消费商品和服务价格水平变动情况的宏观经济指标。它是度量一组代表性消费商品及服务项目的价格水平随时间而变动的相对数，是用来反映居民家庭购买消费商品及服务的价格水平的变动情况。

$$CPI=\frac{\text{一组固定商品按当期价格计算的价值}}{\text{一组固定商品按基期价格计算的价值}}\times 100\%$$

我国的CPI指数是按食品、烟酒及用品、衣着、家庭设备用品及服务、医疗保健及个人用品、交通和通信、娱乐教育文化用品及服务、居住这八大类来计算的。这八大类的总和加起来是100。其中，食品所占比重最大，包括粮食、肉食及其制品、蛋、水产品、鲜菜、鲜果。国家统计局在每一类消费品中选出一个代表品，比如，大多数人是吃米还是吃面，是穿皮鞋还是穿布鞋等。把这些代表品的物价按每一月、每一季、每一年折算成物价指数，定期向社会公布，就是我们说的官方的CPI指数。

中国现行CPI的前身是原来的“职工生活费用指数”。1990年国家统计局进行了消费品及服务项目价格调查，开始编制全国生活费用价格总指数和零售价格总指数；1994年，国家统计局取消职工生活费用价格指数的编写，开始统一编制居民消费价格总指数和商品零售价格总指数。

从2000年开始，价格指数的公布改为以居民消费价格指数为主。

2015年9月10日，国家统计局公布的8月份CPI同比上涨2.0%，创出2014年8月以来新高。一般一个国家的CPI连续下跌，可以看成是经济持续放缓的一个标志。

2016年3月份，全国CPI总水平同比上涨2.3%。其中，城市上涨2.3%，农村上涨2.2%；食品价格上涨7.6%，非食品价格上涨1.0%；消费品价格上涨2.5%，服务价格上涨1.9%。1~3月平均全国CPI总水平比去年同期上涨2.1%。3月份，全国CPI总水平环比下降0.4%。其中，城市下降0.4%，农村下降0.4%；食品价格下降1.8%，非食品价格下降0.1%；消费品价格下降0.6%，服务价格下降0.2%。

对老百姓而言，一方面CPI转正显示经济增长强劲，意味着就业机会就多，可以有效减少人们就业难和失业的问题；但另一方面，CPI高起也会增加生活上的压力，在收入得不到相应的增长、收入水平赶不上物价增速的情况下，实际生活水平就会下降。

此外，CPI上升被普遍认为是通货膨胀的一个标志。当CPI数值为正值的时候，一定程度上意味着存在通货膨胀；当CPI为负值的时候，则意味着整体物价回落。CPI上升，说明生活成本提高，消费者的金钱价值便随之下降。比如，某一年CPI上升了2.5%，则表示你的生活成本比上一年平均上升2.5%，也就意味着一年前面值100元的纸币，现在只能买到价值97.5元的货品及服务。一般来说，当CPI＞3%的增幅时就是通货膨胀；而当CPI＞5%的增幅时，就是严重的通货膨胀。紧跟在通胀预期后面的就是加息预期。反之，CPI持续走低往往被认为是通货紧缩的标志，此时多为减息预期。在进行投资理财时我们就必须对CPI多加考虑。

美国经济学家戈登（Robert J.Gordon）在1975年还提出了核心CPI，是指将受气候和季节因素影响较大的产品价格剔除之后的居民消费价格指数。其背景是美国在1974—1975年受到第一次石油危机的影响后出现了较大幅度的通货膨胀，而当时消费价格的上涨主要是受食品价格和能源价格上涨的影响。当时有不少经济学家认为美国的食品价格和能源价格上涨，主要是受供给因素的影响较大，受需求拉动的影响较小，因此提出了从CPI中扣除食品和能源价格的变化来衡量价格水平变化的方法。

从1978年起，美国劳工统计局开始公布从消费价格指数和生产价格指数（PPI）中剔除食品和能源价格之后的上涨率。但是，在美国经济学界，关于是否应该从CPI中扣除食品和能源价格来判断价格水平，至今仍然存在很大争论。

其实，我国对核心CPI也尚未明确界定。CPI虽然是一个滞后性的数据，但它往往是市场经济活动与政府货币政策的一个重要参考指标。CPI稳定、就业充分及GDP增长往往是最重要的社会经济目标。不过，从中国的现实情况来看，CPI的稳定及其重要性并不像发达国家所认为的那样“有一定的权威性，市场的经济活动会根据CPI的变化来调整”。

除此之外，还有一个与CPI很相近的价格指数叫生活费用指数（CLI），它主要反映不同时期生活费用的变动情况。CPI和CLI的主要区别在于：

（1）CPI不包括纳税项目，CLI则包括所有应纳税项目在内。

（2）CLI只包括生活必需品，并且要预先确定其代表商品和各自的权数。

目前我国编制的CLI是从CPI中抽出85个基本类、200多个规格的消费品，对其价格变动进行汇总统计的。这些消费品全部是居民生活必需品，包括蔬菜、肉禽蛋、油米面，水电气以及教育、医疗服务等，但不包括汽车、建筑材料、住房等一般性消费品，也不包括大宗消费品、奢侈品。

总体来看，CPI和CLI的计算结果在经济稳定时差别不大，在经济动荡时相差较大。由于居民生活必需品的价格波动比较频繁，所以，一般来说，同一时间点上的CLI的波动幅度会大于CPI。

PPI（生产者价格指数）——正确判断物价的真正走势

PPI是Producer Price Index（生产价格指数）的简称，是衡量工业企业产品出厂价格变动趋势和变动程度的指数，是反映某一时期生产领域价格变动情况的重要经济指标，也是制定有关经济政策和国民经济核算的重要依据。PPI用来衡量生产者在生产过程中，所需采购品的物价状况。

一般来说，商品的生产分为三个阶段：原始阶段，这时候的标志是商品还没有进行任何加工；中间阶段，这时候的标志是商品还需要做进一步加工；完成阶段，这时候的标志是商品不需要再做任何加工。因而PPI包括了原料、半成品和最终产品等三个生产阶段的物价资讯，是CPI之先声。

“核心PPI”（Core PPI），指将食物及能源去除后的指数。

由于食品价格因季节变化而变化，而能源价格也经常出现意外波动，为了能更清晰地反映出整体商品的价格变化情况，一般将食品和能源价格的变化剔除，从而形成核心PPI，以便正确判断物价的真正走势。

跟CPI一样，PPI也是预测通货膨胀的重要指标之一，只不过PPI更倾向于反映在生产者这个环节上，其反映主要集中在通货膨胀转移至消费者这一环节之前，在一定意义上其预测通货膨胀比CPI更具前瞻性。而CPI则更多地表现为商品的最终价格。整体价格水平的波动一般先出现在生产领域，然后通过产业链向下游产业扩散，最后波及流通领域的消费品。

由于PPI主要反映的是生产环节的价格水平，而CPI主要反映的是销售环节的价格水平，所以这两者之间的变化情形可能会不一致，并且对CPI的传导作用也会呈现出不同的表现。

从我国国情来看，在农产品向食品的传导上面，CPI受PPI左右的情况比较多。在工业品向生活用品的传导上面，CPI很多时候的表现不一定和PPI一致。PPI上涨了，很多时候CPI受到的影响不一定明显，甚至还会出现一定程度的回落，反之亦然。当然，如果CPI与PPI发生长时间背离的情况，也是不符合价格传导规律的。

从理论上来说，生产过程中所面临的物价波动将反映至最终产品的价格上，因此观察PPI的变动情形将有助于预测未来物价的变化。因为PPI是测算价格变化的指标，该价格是制造商和批发商在生产的不同阶段为商品支付的价格。这里任何一点的通货膨胀都可能最终被传递到零售业。毕竟，如果销售商不得不为商品支付更多资金，那么他们更乐于把增加的成本转嫁给消费者。

在宏观经济方面，如果PPI增速放缓，将会有效缓解CPI增速过快所产生的压力，从而有效降低通货膨胀的预期，但同时也带来了经济发展放缓的可能性。当然PPI持续过高，说明经济可能出现了过热现象。

从我国经济发展情况来看，2001—2004年PPI特别活跃，消费需求增长相对稳定，终端消费品价格的变动主要源于上游产品价格的波动。2004年之后，由于居民对终端消费品的需求出现了显著变化，使得下游商品价格带动上游产品价格发生明显变化，尤其是从2006年下半年开始，随着居民对住房、汽车消费品需求的爆发性增长，同时某些食品（大蒜、生姜）供给出现严重不足，使得原有的供求平衡被打破，进而市场上出现了“蒜你狠”“姜你军”的奇特场景，最终使CPI快速上涨并拉动PPI迅速攀升。

2008 年下半年，随着全球金融危机的蔓延和加深，各种商品价格回落，多种因素综合作用下使得 CPI 回落，最终 PPI 也在随后几个月回落下来。

通常，当CPI和PPI长期保持上升状态，一般意味着经济建设增速加快，通货膨胀开始上升。如果两者上升速度过快，则势必会导致过度的通货膨胀，进而破坏经济建设。反之，如果两者同时下跌，则意味着经济建设增速减慢。

恩格尔系数——衡量居民生活水平高低的指标

消费支出是指一个家庭日常生活的全部支出，包括食品、衣着、家庭设备用品及服务、医疗保健、交通和通讯、娱乐教育文化服务、居住、杂项商品和服务八大类。消费支出反映了居民的消费水平，是很重要的宏观经济学变量，被作为宏观调控的依据之一。

恩格尔系数（Engel's Coefficient），讲的就是食品支出总额占个人消费支出总额的比重。19世纪德国统计学家和经济学家恩格尔对比利时不同收入的家庭的消费情况进行了调查，根据统计资料，对消费结构的变动提出了带有规律性的原理：一个家庭收入越少，家庭收入中（或总支出中）用来购买食物的支出所占的比例就越大；一个家庭收入越高，家庭收入中（或总支出中）用来购买食物的支出比例则会下降。

可见，吃是人类生存的第一需要，在收入水平较低时，其在消费支出中必然占有重要地位。随着收入的增加，在食物需求基本满足的情况下，消费的重心才会开始向穿、用等其他方面转移。

恩格尔系数是根据恩格尔定律得出的比例数，是表示生活水平高低的一个指标。其计算公式如下：

恩格尔系数 = 食物支出金额 / 总支出金额 ×100%

除食物支出外，衣着、住房、日用必需品等的支出，在不断增长的家庭收入或总支出中，所占比重上升一段时期后，呈递减趋势。

恩格尔系数是国际上通用的衡量居民生活水平高低的一项重要指标。一般来说，在其他条件相同的情况下，恩格尔系数越高，一个国家或家庭生活越贫困；反之，恩格尔系数越小，生活越富裕。

联合国根据恩格尔系数的大小，对世界各国的生活水平设定了一个划分标准：一个国家平均家庭恩格尔系数大于60%为贫穷；50%～60%为温饱；40%～50%为小康；30%～40%属于相对富裕；20%～30%为富足；20%以下为极其富裕。

按此标准，20世纪90年代，恩格尔系数在20%以下的只有美国，达到16%；欧洲、日本、加拿大在20%～30%之间，是富裕状态；东欧国家在30%～40%之间，相对富裕；剩下的发展中国家，基本上处于小康状态。

1978年我国农村家庭的恩格尔系数约为68%，城镇家庭约为59%，平均计算超过60%。改革开放以后，随着国民经济的发展和人们整体收入水平的提高，我国农村家庭、城镇家庭的恩格尔系数都不断下降。到2010年，我国城镇和农村居民家庭恩格尔系数已分别下降到35.7%和41.1%。2015年时，恩格尔系数已经降为30.6%。

随着经济的发展，人们食物支出相对以前确实有了大幅度的提高，但是食物支出占整个家庭支出的比例已经呈现出下降的趋势，而住房、教育、汽车、娱乐等方面的支出占据越来越大的比例。在计算恩格尔系数的时候，个人消费总支出需要除去购房支出或者是金融产品支出。就目前我国的情况来说，购房支出属于资产转移或者是资产投资行为。其他个人投资性支出也不能纳入个人消费总额。

此外，恩格尔系数是一种长期趋势，短时间波动是正常的；地区间消费习惯不同，恩格尔系数也略有不同；尤其是在进行国际比较时，由于各国的物价体系、福利补贴等方面差异较大，恩格尔系数反映消费水平和生活质量的误差也是不可避免的。

基尼系数——反映贫富差距的曲线

基尼系数是1943年美国经济学家阿尔伯特·赫希曼根据劳伦茨曲线所定义的判断收入分配公平程度的指标，是国际上用来综合考察居民内部收入分配差异状况的一个重要指标。

基尼系数的经济含义是指在全部居民收入中，用于进行不平均分配的那部分收入所占的比例。基尼系数最大为“1”，最小等于“0”。“1”表示居民之间的收入分配绝对不平均，即100%的收入被一个单位的人全部占有了；“0”则表示居民之间的收入分配绝对平均，即人与人之间收入完全平等，没有任何差异。但这两种情况只是在理论上的绝对化形式，在实际生活中一般不会出现。因此，基尼系数的实际数值只能介于0～1之间，基尼系数越小，收入分配越平均，基尼系数越大，收入分配越不平均。

按照联合国有关组织规定：基尼系数低于0.2，表示收入绝对平均；0.2～0.3表示收入比较平均；0.3～0.4表示收入相对合理；0.4～0.5表示收入差距较大；0.5以上，表示收入差距悬殊。

国际上通常把0.4作为收入分配差距的警戒线，同时也作为监控贫富差距的警戒线。一般发达国家的基尼指数在0.24～0.36之间，美国偏高，为0.45。中国国家统计局公布基尼系数：2012年为0.474，2013年为0.473，2014年为0.469，2015年为0.462，2016年为0.465。

当然，各国、各地区的具体情况千差万别，居民的承受能力及社会价值观念都不尽相同，所以基尼系数只能用作宏观调控的参照系，不能盲目照搬。

金融学原理

贫者越贫、富者越富的奥秘

谈到金融，它总是给人一种高大上和可望而不可即的感觉，其实，金融学是非常贴近生活的。金融学原理都是经过社会实践不断总结出来的规律，它可以让我们更加透彻地理解高深的金融学知识！

杠杆原理——一夜暴富，小资金博得大收益

杠杆原理，亦称“杠杆平衡条件”。在“重心”理论的基础上，阿基米德发现了杠杆原理，即“二重物平衡时，它们离支点的距离与重量成反比”。阿基米德对杠杆的研究不仅仅停留在理论方面，而且据此原理还进行了一系列的发明创造。据说，他曾经借助杠杆和滑轮组，使停放在沙滩上的桅船顺利下水；在保卫叙拉古的战斗中，阿基米德制造的投石器就是杠杆原理的直接应用。

在投资中，杠杆原理也得到充分应用。比如，你计划投资1000元做服装生意，进货买入1000元的衣服可以卖出1600元，自己赚了600元，这就是自己的钱赚的钱，就是那1000元本钱带来的利润。这个过程是没有杠杆作用的。

假如你对服装生意很有信心，于是决定从银行贷款10万元，使用3个月，假定利息刚好是1000元。在此操作过程中，就等于你用1000元的本钱买了银行10万元三个月的使用权，用这些资金购买价值10万元的服装，售出后得16万元，得到利润6万元。这就是一个应用杠杆原理的简单例子，即用1000元撬动了10万元的资金，用10万元的资金赚取了6万元的利润。

从上面的例子中，我们不难发现其用了100倍的杠杆。这在金融投资中非常常见，如做外汇保证金交易，其杠杆多为10倍、50倍、100倍、200倍、400倍等几个级别。如果用400倍的杠杆，就意味着你把手上的1万当作400万用。

另外，时下热门的房地产市场，除了全款购房外，贷款购房都属于使用了杠杆原理。比如，你购买一套价值100万元的房子，首付20%，即你用20万的资金撬动了价值100万元的房产，这里就是5倍的杠杆。如果未来房价增值10%，你的投资回报就是50%。

金融杠杆简单地说来就是一个乘号。使用这个工具，可以放大投资的结果，无论最终的结果是收益还是损失，都会以一个固定的比例增加。同样以购买100万的房子为例，如果房价跌了10%，那么5倍的杠杆损失就是50%，10倍的杠杆损失，就是你的本钱尽失，全军覆没。所以，在使用这个工具之前必须仔细分析投资项目中的收益预期和可能遭遇的风险。

另外，还必须注意，使用金融杠杆这个工具的时候，现金流的支出则可能会增大，这时资金链一旦断裂，即使最后的结果可能是巨大的收益，投资者也必须要提前出局。

例如，买外汇或者期货，你交了5000元的保证金，杠杆是2倍，你就可以用10000元进行投资，同时也放大了风险和收益。如果赔钱了，直接从你的保证金里扣，当你的保证金到了一个最低的比例之后，比如说70%，就是说你赔了1500元，还有3500元之后你就不可以再进行交易了。

当资本市场向好时，这种模式带来的高收益使人们忽视了高风险的存在，许多人恨不得把杠杆用到100倍以上，这样才能回报快，一本万利；等到资本市场开始走下坡路时，杠杆效应的负面作用开始凸显，风险被迅速放大。对于过度使用杠杆原理的企业和机构来说，资产价格的上涨可以使他们轻松获得高额收益，而一旦资产价格下跌，亏损则会非常巨大，甚至超过资本，从而造成恶性循环，导致严重的经济危机。

金融危机爆发后，高杠杆化的风险开始为更多人所认识，企业和机构纷纷开始考虑去杠杆化，就是一个公司或个人减少使用金融杠杆的过程，把原先通过各种方式（或工具）“借”到的钱退还出去的潮流。

当然，也并非杠杆比例越大风险就越大，这也需要具体问题具体分析。做外汇、期货或者是其他涉及保证金交易的都会接触到杠杆，杠杆就意味着放大倍数，以小博大，少量的钱能控制大额的资本。

次贷危机波及了整个发达国家的金融体系，美林证券、花旗银行、瑞士银行等大型银行和投资银行一贯享受着最高的信用评价，地产抵押贷款只是他们利润来源的一小部分。但在20倍杠杆的放大作用下，各大金融集团在次贷危机中的损失率竟然高达18%～66%，平均损失约为30%。如果这样说还不够直观，我们可以举例：A银行自有资产为30亿元，使用30倍杠杆就是900亿元。此时，如果A以自身资产30亿元为抵押去借贷900亿元用于投资，如果投资赢利5%，那么A就可以获得45亿元的利润。但如果投资失败，亏损5%，那么银行就算赔光了自己的自有资产，还欠下15亿元的外债。这就是杠杆的威力。

对个人而言，在使用杠杆之前要把握住一个更重要的核心，那就是成功与失败的概率是多大。要是赚钱的概率比较大，就可以用很大的杠杆，因为这样赚钱快。如果失败的概率比较大，那根本就不能做，做了就是失败，而且会赔得很惨。

总之，控制杠杆是分散业务风险的前提，在金融创新中要秉持“可以承受高风险，绝不承受高杠杆”的原则，当风险不可测时，控制杠杆比控制风险更重要。

复利原理——世界第八大奇迹

有人曾经问爱因斯坦："世界上最伟大的力量是什么？"

爱因斯坦回答道："复利！"。

爱因斯坦的答案不是原子弹的威力，反而是复利，甚至还称复利是世界第八大奇迹。听起来，这简直就是天方夜谭，但这却是不争的事实。

复利，是指在每经过一个计息期后，都要将所生利息加入本金，以计算下期的利息。上一个计息期的利息都将成为生息的本金，即以利生利，也就是俗称的"利滚利"。如果年限越长，收益率越高，那么复利的效果就越明显。

复利，不是投资产品，而是一种计息方式。复利的计算公式是：

$$S=P(1+i)^n$$

其中，P指本金，i指利率，n指期限时间。比如说，1万元的本金，按年收益率10%计算，第一年末你将得到1.1万元，把这1.1万元继续按10%的收益投放，第二年末是1.1×1.1=1.21，如此第三年末是1.21×1.1=1.331……到第八年就是2.14万元。

在古印度，有一个名叫锡拉的人发明了国际象棋，并将他的得意之作敬献给了国王锡塔。不久，国王便被这种游戏的巧妙玩法和无穷变化所倾倒。高兴之余，他叫人把锡拉找来，对他说："你的发明太神奇了，会给许多人带来乐趣。你知道，我的王国是富有四海的，我想给你一笔巨大的奖赏。说说你想要什么吧。"锡拉恭谨地回答道："尊敬的国王陛下，你知道我是一个穷人，最大的愿望是填饱肚子，所以希望你奖给我一些小麦，使我不至于忍饥挨饿。你看到我设计的这个棋盘吗？它一共有64个方格。请你在第1个方格中放上1粒小麦，第2个方格放上2粒，第3个方格放上4粒，第4个方格放上8粒，以此类推，以后每一个方格放置的小麦都是前一方格小麦数量的2倍，直到将棋盘上所有方格都放完应该放的小麦粒为止。"

国王在不察之下，认为这个要求一点也不过分，很痛快地答应了锡拉的要求。后来请数学家一算，国王傻眼了，即使拿出国库里的所有粮食也不够锡拉要求的百分之一。因为即使一粒麦子只有一克重，也需要数十万亿吨的麦子。

尽管从表面上看，锡拉的起点十分低，从一粒麦子开始，但是经过很多次的乘积，就迅速变成庞大的数字。这就是复利的力量。

由此可见，长期投资的复利效应将实现资产的翻倍增值。一个不大的基数，以一个即使很微小的量增长，假以时日，也将膨胀为一个庞大的天文数字。

比如，有人在1914年以2700美元买了100股IBM公司的股票，并一直持有到1977年，由100股增加为72798股，市值增到2000万美元以上，63年间投资增值了7407倍。按复利计算，IBM公司63年间的年均增长率仅为15.2%，这个看上去平淡无奇的增长率，由于保持了63年之久，最终为超长线投资者带来了令人难以置信的财富。但是，在很多投资者眼里，15.2%的年收益率实在是微不足道。不过，大家要知道"股神"巴菲特的平均年增长率也只不过是20%多一点，但是由于他连续保持了40多年，因而当之无愧地戴上了世界股神的桂冠。

时间和回报率被称为复利原理的“车之两轮、鸟之两翼”，这两个因素缺一不可。时间的长短将对最终的价值数量产生巨大的影响，开始投资的时间越早，复利的作用就越明显。随着通货膨胀逐渐加剧，无疑也会对你的收入造成直接的影响，而且在生活实践中储蓄的收益完全抵抗不了通货膨胀的速度。而长期投资就可以利用复利对抗通货膨胀的影响。

复利看起来很简单，但很多投资者没有了解其价值，或者即使了解但没有耐心和毅力长期坚持下去，这是大多数投资者难以获得巨大成功的主要原因之一。

按照复利原理计算的价值成长投资的回报非常可观，如果我们坚持按照成长投资模式去挑选、投资股票，那么，这种丰厚的投资回报并非遥不可及，我们的投资收益就会像滚雪球一样越滚越大。现在小投资，将来大收益，这就是复利的神奇魔力。

“滴水成河，聚沙成塔”，只要懂得运用复利，小钱袋照样能变成大金库。在我们的日常生活中，银行存款、银行理财产品、基金红利再投、P2P网贷、储蓄国债、货币基金等都是常见的复利计息的投资产品，我们可以认真选择，以实现自己收益的最大化。

二八定律——独辟蹊径，赚少数人的钱

二八定律，也叫巴莱特定律，是19世纪末20世纪初意大利经济学家帕累托提出的。他认为，在任何一组东西中，最重要的只占其中一小部分，约为20%，其余80%尽管是多数，却是次要的，因此又称二八法则。习惯上，二八定律讨论的是顶端的20%，而非底部的80%。

犹太人也认为，世界上许多事物，都是按78∶22这样的比率存在的。比如空气中，氮气占78%，氧气及其他气体占22%；人体中的水分占78%，其他为22%；等等。

今天，人们惊奇地发现，“二八定律”几乎适用于生活的方方面面，总是那些20%的客户给你带来了80%的业绩，可能创造了80%的利润；世界上80%的财富是被20%的人掌握着，世界上80%的人只分享了20%的财富；公司的事情有20%的事情是关键问题、重点问题，这20%的事情可能决定了80%的结果。

日本的一位钻石商人就运用“二八定律”在商场上取得了意想不到的成功。他分析认为，钻石主要是高收入阶层的专用消费品，普通大众很难消费得起。而一般的商业理念是：消费者少，利润肯定不高。但让大多数人忽略掉的一个问题是，一般大众和高收入人数的比例约为8∶2，可他们拥有的财富比例却是2∶8。这个日本商人正是看中了这点，他决定拓展自己的钻石生意。

他来到东京的S百货公司，要求获得一个展位推销他的钻石，但经理认为在普通的百货公司销售昂贵的钻石根本就不靠谱，断然拒绝了他的请求。

商人没有退缩，他跟经理谈到了“二八定律”，谈到了自己计划的可行性。最终，经理被打动了，但他仍然只是准许商人在郊区的M店试运营一段时间。M店远离闹市，顾客极少，这位商人对此并不过分担忧。他坚信，钻石毕竟是高级的奢侈品，是少数有钱人的消费品，生意的着眼点首先得抓住那些握有大多数财富的少数人才行。

事实证明了商人眼光的独到之处，开张没多久他就在M店取得日销售6000万日元的销售额，这大大突破了一般人认为的500万日元的销量。当时正值圣诞，商人为了吸引顾客，和纽约的珠宝行联络，买入各式大小钻石，深受顾客的欢迎。接着，商人又开设了十几家连锁店经营钻石生意，生意异常火爆。

商人的钻石生意成功了，奥秘究竟在哪里呢？就在于“二八定律”。因此，当你决定投资理财的时候，眼光一定要独到一点。“不要把你所有的鸡蛋都放在一个篮子里”，这个曾获诺贝尔奖的著名经济学家詹姆斯·托宾的理论，已经成为众多老百姓日常理财的“圣经”。但二八定律却要求尽量把80％的“鸡蛋”放在20％牢靠的“篮子”里，然后仔细地盯紧它，这样才可能使有限的资金产生最大化的收益。之所以这样说，是因为在当前经济条件下，许多理财产品都是同质的，这也就意味着如果选择了同质化的理财产品，那么你所面临的系统风险就是一样的，这样不仅达不到分散资金的目的，反而可能会加大风险。譬如，你投资了某债券，又去买了某债券基金，此时一旦债券市场发生系统风险，你的这两个投资都会发生损失。

当然，投资理财必定会面临一定的风险，投资者要想获得比市场高

20%的收益，就将付出比一般银行储蓄多80%的风险。比如说银行一年期利率高于活期利率，就是对于流动性风险的补偿。了解了这个原理，你在选择日常理财产品时，就应对高收益品种保持一份谨慎，特别是那些不符合目前规定的理财品种，其高收益的背后，是对信用风险的补偿。收益越高，代表了其发生信用危机的可能性就越大，这种信用风险实际上就是转嫁了处罚它的违规成本。

此外，对于某些金融机构推出的保本理财产品也要引起足够的重视。目前这类保本理财产品在实际运营过程中基本上都需要封闭一段时间，在这段时间内你就要面临利率风险、通货膨胀风险、流动风险等。对此，投资者要有明确的认知。

洼地效应——安全区域更容易吸引资金流入

洼地，顾名思义即中间低四周高的自然地形，如同水往低处流一样，资金也会向交易成本低的地方集中，这在经济学中被称作“洼地效应”。从经济学理论角度讲，“洼地效应”就是利用比较优势，创造理想的经济和社会人文环境，使之对各类生产要素具有更强的吸引力，从而形成独特的竞争优势，吸引外来资源向本地区汇聚、流动，弥补本地资源结构上的缺陷，促进本地区经济和社会的快速发展。简单地说，指一个区域与其他区域相比，具有更强的吸引力，从而形成独特的竞争优势。资本的趋利性，决定了资金一定会流向更具竞争优势的领域和更具赚钱效应的“洼地”。

比如深圳，它拥有国家所给予的巨大的政策优势、沿海并与香港毗邻的地缘优势，因而吸引了来自全球各地的资金、技术和人才，以至在短短的二十年里就从一个偏僻落后的小渔村发展成了一个繁华兴盛的国际大都市。在这个过程中，深圳之所以能吸引各地的资金、技术，就是因为有政策优势和地缘优势。

“洼地效应”无疑对深圳经济的发展起到了加速作用。如果没有这种效应，深圳就会和沿海许多小村镇一样，发展程度也会相差不大，而不会成为今天的国际性大都市。与此类似，各地星罗棋布的经济开发区也正是利用了“洼地效应”获得了远高于开发区之外的发展速度。

在当下中国，房地产作为主要的投资手段，不仅是保值增值的载体，还是规避通货膨胀的主要手段。对房地产来说，“价格洼地”是促进房地产销售的主要因素之一。所以说，只要洼地存在，房地产就有上涨的空间。当然在房地产实际开发中，所谓的“洼地”也可能是市政中心、城市广场或历史建筑区等对区域价值有提升作用的区域。

从纯经济学上来讲，在市场经济条件下，资本也是由以前的资金、劳动力、技术和资源相结合而产生的，作为生产要素之一，它分得利润也是天经地义的。尤其是在技术、专利也能参股的今天，按劳分配和按资分配相结合不再是一个陌生的话题。资本的拥有者正是看到了当地的比较优势，并从比较优势中看到了获取高额利润的可能，才会把资本投向这个地方而不是另外的地方。能获取相对于其他地方高得多的利润，这就是“洼地效应”形成的动力之源。

因此，对于投资者来说，如何能在市场上找到真正的“洼地”，获得投资的巨大收益呢？

（1）某些从事实体产业的公司，其经营方向和经营业绩在一段时间内长期稳定，在危机中不但没遭受重创，还能迅速翻身挺过来的公司股票，则属于“洼地”的投资目标。

（2）虽然不是时下热门的炒作概念，但关乎国计民生的股票。例如，粮食和农业概念股，是可以而且必须持续发展的永恒产业，如果其业绩和发展预期良好，而且没有被爆炒过，则属于价值洼地，非常具有投资价值。

（3）关注那些属于国家规划扶持发展，真正生产与科研结合，有能力、有规模和实力的企业，因符合全球人类革新方向，在不远的将来会影响到后续人类的生产、生活方式，投资这类企业必然会有良好的投资回报，当然可能得有一定耐心。

博傻理论——随大流是明智还是愚蠢

1720年，在疯狂的英国股票投机狂潮中，有这样一只股票被人们热烈追捧，虽然人们并不知道这只股票的具体来头，甚至都不知道这是一家什么样的公司，但人们还是争先恐后地认购，因为他们坚信只要股票到手，接盘侠们自然会冒出来，这样他们就可以赚大钱。在这些人中，科学家牛顿竟然也参与了进来，最终彻底亏光，以至于慨叹："我能够计算出天体运行的轨迹，但我实难计算出人们的贪心。"

博傻理论，是指在资本市场中，比如股票、期货市场中，人们都有一个买涨的心理，完全不管某个东西的真实价值而愿意花高价购买，因为他们预期会有"接盘侠"愿意花更高的价格做他们的"下家"。不过如果没有一个愿意出更高价格的笨蛋，那么这些人或许就成了最大的笨蛋。博傻理论告诉人们的最重要的一个道理是：在这个世界上，傻其实并不可怕，可怕的是做最后一个傻子。

电影《疯狂的石头》里有这么一幕：地铁上，一个民工打扮的人打开一罐可乐，发现拉环上写着"奖励500万"字样，坐在民工身边的人也看到了。于是那人告诉民工，去北京即可兑现大奖。但去北京路途遥远，民工财力上有困难，于是那人便建议民工将这个奖卖给自己。民工一副犹豫的样子，最后点头说好，而那个要买奖的人却说自己身上没带那么多钱，问车上的人谁有钱可以合买，然后兑奖后的钱可以平分。但车上的人都一副避而远之的样子。显然人们发现了这两个人是一伙的，是用得奖的幌子骗钱的骗子。

《卖拐》和《卖车》是春节晚会上赵本山演过的两个经典小品。在小品中，赵本山对范伟饰演的厨师进行“忽悠战术”，到最后终于将拐与车都卖给了他。

实际上，无论是《疯狂的石头》里在地铁行骗的片段，还是赵本山的《卖拐》《卖车》，其本质上都是一种叫作“博傻”的游戏，只不过是《疯狂的石头》中的博傻没有成功，而《卖车》《卖拐》中的赵本山却收获颇丰而已。

在现今社会，博傻游戏很流行。博傻游戏的构成有时候很简单，甚至可以说骗局是粗糙的，而这种骗局真就如它的字面意思一样，与傻瓜斗智，也就是等待一个傻瓜上当受骗。

现在的人们已经慢慢了解了博傻游戏的方式，也懂得哪些是真哪些是假，但是在很多时候，博傻游戏依旧可以让人防不胜防。特别是在这种简单粗略的骗局刚刚出现的时候，确实有很多人上当受骗。

在艺术品市场，很多人对艺术品都是一知半解，但他们根本就不去详细了解某件艺术品本身的真实价值，而是仅凭直观感觉就愿意花高价购买，因为他们总是期望会有比自己更不在行的人会一时冲动再以更高的价格从他们的手里买走。这种操作策略被称作“傻瓜赢傻瓜”。

其实从理论上讲，博傻也有合理的一面，博傻策略是高价之上有高价，但低价之下还有低价。游戏就是个接力棒，只要不是最后一棒，都是有利可图的。做多了就有利润可以赚，做空的人减少损失，而不巧接到最后一棒的人就是倒霉的人了。

博傻是一次性博弈中惯用的招数。因为只是一次性交易，因此人们就会更加无所顾忌地去进行这种博傻的博弈对抗。要知道，在博傻游戏中，如果找到了“冤大头”，所赢得的利润要比一般的一次性博弈所赢得的利润还要多。

博傻理论所要解释的就是在投机行为背后的动机，关键是判断是否有比自己更大的傻瓜，只要自己不是最大的傻瓜，那么自己就一定是最后的赢家。因此，博傻基本上已经成为投机者的最爱。对于投机者来说，博傻是一种更有价值的赢利策略。

马太效应——富者越富，贫者越贫

《新约·马太福音》中有一则劝人善加投资理财的故事：

犹太大地主马太要远游一年，便将他的财产托付给三位仆人保管。他给了第一位仆人5000金币，第二位仆人2000金币，第三位仆人1000金币。马太告诉他们，要好好珍惜并善加管理自己分配给他们的财富。

马太走后，第一位仆人用这笔钱进行了各种投资；第二位仆人则买下原料，制造商品出售；第三位仆人很老实，将钱埋在主人房前的一棵树下。

一年后，马太如期归来，第一位仆人手中的金币增加了三倍，第二位仆人手中的金币增加了一倍，马太很高兴。第三位仆人向马太解释说："我尊贵的主人，您的钱我没有擅自做主，而是都将它们保存在安全的地方，今天将它原封不动地交给您。"马太听了大怒，骂道："你这愚蠢的家伙，竟不好好利用我交给你的财富。"于是，马太拿回了这些金币，赏给了第一位仆人。

这个故事说的就是著名的马太效应。故事中的第三位仆人受到责备，不是由于他乱用金钱，也不是因为投资失败遭受损失，而是因为他根本就没有好好利用这部分金钱。这个故事表明，古人很早的时候就开始重视投资理财。20世纪60年代，知名社会学者罗伯特·莫顿首次将"贫者越贫，富者越富”的现象归纳为马太效应。

犹太人是世界上最为出色的商人，他们经商的独特之处就在于他们即使有钱也不会存在银行里。他们很清楚这笔账：把钱存在银行里确实可以获得一笔利息收入，但是由于物价的上涨等因素，支出基本上和这部分收入相抵消了。所以，犹太人有钱了一般多是投资实业，要么放贷。他们绝对不会将钱放在银行里“睡觉”。犹太人这种“不做存款”的秘诀，其实正是一种科学的资金管理方法。

中国也同样有这样的俗语，叫作“有钱不置半年闲”“人两脚，钱四脚”，这就是很有哲理意味的理财经，指出了合理使用资金，学会投资理财，千方百计加快资金周转速度，用钱赚钱的真谛。

《思想致富》中有这样一段表述：“上天赐予我们每个人两样伟大的礼物——思想和时间”。现在是时候运用这两样东西去决定你自己的未来了。如果把手上的钱毫无计划地花掉，那么你满足了一时的欲望，却最终得到了贫穷；如果你精于投资理财，把手上的钱投资在可长期回报的项目上，那么你就可以实现你的财富保值、增值。

在现实生活中我们也可以发现，任何个体或是地区，如果能够在某方面，如金钱、名誉、地位等获得成功和进步，就会产生一种积累优势，就会有更多的机会取得更大的成功和进步。比如，某个行业或产业的产品或服务品牌知名度越大，品牌的价值就越高，其忠实的消费者就越多，势必其占有市场的份额也就越大，盈利也就越多。

对于个人而言，即便是再小的财富，只要你认真积累，精心管理，时间久了，也就积累了更多的财富。马太效应告诉我们，善理财者会更富有，而不懂得运作金钱赚钱的人只会在贫困中蹉跎度日。

货币

“钱”是个什么东西

经济基础决定上层建筑，无论是社会的发展还是人们的生活都离不开钱。为什么一张张本来很普通的纸却如此重要，货币究竟与我的生活有着怎样的关系？本章将为你解答。

“钱”的诞生——货币是如何发展而来的

古代中国人膜拜“财神”；希伯来人崇拜金牛；希腊神话中不屈的跑将赫密斯是利润之神；埃及人在国王的陵墓里放满财宝，使死者在赴天堂的旅程中不担心钱财的匮乏……

可见，人们心中致富的欲望之火时刻燃烧着。在很多人的眼里，财富是一个梦想，“王子和公主从此过上快乐的生活”指的就是富有生活。人们对钱的热情已接近崇拜。我们每天都在用钱，但是要说到钱是什么时候诞生的，这个问题恐怕没有几个人能说清。

很早以前，货币是不存在的。直到人们开始进行商品交换后，货币才产生。在我国古代夏商周的一千多年时间里，贝壳就一直充当着货币商品的角色。在中国，货币的“货”，发财的“财”，商人的“贾”，欠债的“账”，放债的“贷”，甚至连“买”“卖”这两个动词都带有“贝”字，充分说明了贝壳的地位。

根据考古学家的研究，我国古代的贝币大部分是来自海南。因为当时我们祖先都生活在黄河和长江流域的内陆地区，离大海较远。在古代极不发达的交通条件下，海边特产的贝壳运输到内陆十分艰难，因此数量极其有限，这样一来，贝壳对于人们来说作为钱来用，是再合适不过了。

贝壳作为货币出现以后，随着人类活动范围的扩大和生产技术的提高，贝壳采集的数量也日益增多，变得越来越普遍，自然起不到充当一般等价物的作用，于是人们开始找其他物品来代替贝壳的货币作用。当人类掌握了冶炼金属的技术之后，鉴于金属体积小、价值大、容易分割、可塑性强、耐磨耐腐蚀、色泽光亮，能长久保存，以及便于铸造成各种形状等原因，世界上主要文明国家的货币开始逐渐由常见商品过渡到了金属身上。

在我国，商朝晚期的时候就掌握了冶炼青铜的技术，从那时起，人们干脆就用青铜做成贝壳的样子当"大钱"使。随着青铜产量逐渐提高，中国进入了青铜货币时代。到了秦朝，秦始皇于公元前210年颁布了中国最早的货币法"以秦币同天下之币"，规定在全国范围内通行秦国圆形方孔的半两钱，自此开始了铸币流通的时代。

直到明朝中期以后，随着美洲人对白银的开采和全球贸易的发展，为了购买中国的商品，全世界的白银都开始像潮水一样涌向中国，从而使得中国在明朝中后期也逐渐确立起以白银为主、铜钱为辅的货币体系。

而在西方，金、银等贵金属最初按照重量计价，后来就出现了有意识的铸造行为，标准的金属铸币由此产生。比如在古埃及，人们在买卖奴隶的时候使用的是金块和银锭。考古学家在一些出土的壁画上，就看到了当时的人们把一头猪和一些金臂环放在天平的两端，表示它们两个的价值是等同的，同一时期的另外一幅壁画则显示了努比亚人向埃及法老贡献黄金的场景。

西方有记录的最早的金属铸币大约出现在公元前7世纪的吕底亚王国，其图案是雄狮和公牛的复合体，铸币材料是天然的金银合金（大约2/3是黄金，1/3是白银），也被称为琥珀金。因铸币呈现白色，通常也称为"白金币"。因为拥有这些铸币，吕底亚王国也成了当时世界上最为富有的国家之一。就在吕底亚人采用贵金属铸造货币之后不久，爱琴海沿岸的希腊城邦国家也开始采用白银铸造自己的货币。

后来，"两河流域文明"后期代表波斯帝国征服了吕底亚王国。为了学习货币铸造的"先进经验"，波斯帝国也铸造了自己的货币，分别是达利克金币和西格罗斯银币。

罗马人崛起称霸欧洲之后的上千年的时间里，他们建立了一整套金、银、铜复合货币体系，他们最常用的铜币叫作阿斯、最常用的银币叫作迪纳利乌斯。

罗马帝国崩溃之后，从漫长而黑暗的中世纪到文艺复兴，再从地理大发现到工业革命，上千年的历史中西方一直采用金、银作为主要的货币，而铜则是辅币。

对于整个西方来说，截止到1816年英国政府正式采用金本位以前的整个文明史中，金银就是钱，钱就是金银，从未变过。其中，黄金多用于大额支付，而白银则用于一般的贸易，铜一般作为辅币或者加入银币中使用。

可见，货币产生的最初目的，是人们为了满足需要和欲求，必须通过交换来实现，而这种交换又必须以钱作为载体。

在经济学中，金钱代表货币，货币是商品经济内在矛盾的产物，是价值形式发展的必然产物，是从商品中分离出来的固定的充当一般等价物的商品，体现着商品生产者之间的社会经济关系。从最开始的实物货币，到后来的金属货币，人们发现用金银做货币更恰当，因为与实物货币相比，金银的体积更小、价值更大、质地更均匀，而且不容易腐烂，更便于携带、保管、分割。再到如今的信用货币、存款货币和电子货币，货币在商品经济的发展中扮演着重要的角色。

货币供应量三层次——M0、M1和M2

货币供应量，是指一国在某一时点上为社会经济运转服务的货币存量，它由包括中央银行在内的金融机构供应的存款货币和现金货币两部分构成。

要了解货币供应量的概念，我们还要了解一下什么是流动性。所谓流动性，是指一种资产随时可以变为现金或商品，而对持款人又不带来任何损失。货币的流动性程度的强弱分别代表了货币在流通中的周转次数的多少，形成的货币购买力及其对整个社会经济活动的影响也有差异。

现实生活中，除现钞外，银行存款和各种有价证券都有一定的流动性。中央银行一般根据宏观监测和宏观调控的需要，以及流动性的大小将货币供应量划分为以下三个层次：

1．流通中现金（M0）

流通中现金，指单位库存现金和居民手持现金之和，其中"单位"指银行体系以外的企业、机关、团体、部队、学校等单位。M0与消费密切相关，它的数值高则证明老百姓手头宽裕、富足。

在西方，并非所有的现钞都可以计算在M0内，而要扣去各金融机构的库存现金。在我国，M0指流通中的现金，即在银行体系之外流通着的现金。

2．狭义货币供应量（M1）

指M0加上银行体系以外的企业、机关、团体、部队、学校等单位在银行的可开支票进行支付的活期存款。M1反映居民和企业资金松紧变化，是经济周期波动的现行指标，流动性仅次于M0。

由于对货币的理解不同，世界各国对M1的定义也存在差异。我国的M1是指流通中的货币量加上商业银行的活期存款。

3. 广义货币供应量（M2）

指M1加上银行体系以外的企业、机关、团体、部队、学校等单位在银行的定期存款和城乡居民个人在银行的各项储蓄存款以及证券公司的客户保证金。M2流动性偏弱，反映的是社会总需求的变化和未来通货膨胀的压力状况。

在我国，M2是指在M1的基础上再加上商业银行的定期存款和储蓄存款。其中，中国人民银行从2001年7月起，将证券公司客户保证金计入广义货币供应量M2。人们日常生活中所说的货币供应量，主要是指M2。

现今，我国货币投放主要通过外汇占款、银行信贷两个渠道。货币投放增长得越快，M2的增长率也将越大。

M1的流动性较强，是国家中央银行重点调控对象。广义货币供应量M2和M1的差额是准货币，流动性较弱；其实还存在M3，是考虑到金融创新的现状而设立的，暂未测算。

在现实经济活动中，M1和M2的变化可以反映出经济发展的变动情况。若在一段时间内，Ml的增长率过快，明显高于M2的增长率，则表明经济扩张较快，活期存款之外的其他类型资产收益较高。这种情况下，很多投资者会把手上的定期存款和储蓄存款提出进行投资，市场上资金供应充足了，就会使商品和劳务市场受到价格上涨的压力。

反之，若在一段时间内，M2的增长率过快，明显高于M1的增长率，则表明实体经济利润降低，大量实体经济中的资金又转移为利息较高的定期存款等，这无疑将使社会总投资额下降，继而影响就业和经济的增长。

通常，这种货币供应层次的划分，首先，有利于中央银行分析经济动态变化。其次，为中央银行的宏观金融决策提供了一个清晰的货币供应结构图，有助于掌握不同的货币运行态势，并据此采取不同的措施进行调控，比如调整利率、调整准备金率等，以求达到经济平稳、物价稳定。

自从 1996 年中国人民银行把货币供应量作为中国货币政策的中介目标以来，货币供应量与宏观经济的总体关联度在增强，中国经济稳定较快增长。

因此，有理由认为，货币供应量作为中国货币政策的中介目标在现阶段仍然是有效的。

货币的排他性——劣币驱逐良币

16世纪英国伊丽莎白造铸局长汤姆斯·格雷欣经过长期观察发现，当一个国家同时流通两种实际价值不同而法定比价不变的货币时，实际价值高的货币（贵金属含量高）必然要被熔化、收藏或输出而退出流通领域，而实际价值低的货币（贵金属含量低）反而充斥市场。消费者保留储存成色高的货币（贵金属含量高），而使用成色低的货币进行市场交易、流通。人们把这种现象称为劣币驱逐良币，也称“格雷欣现象”。

劣币驱逐良币是一条经济规律。在16世纪的英国，用作造币材料的贵金属严重缺乏，为了应对这一形势，必须在新铸造的货币之中加入其他金属成分，因此市场上就流通着原本不含杂质的货币及后来加入其他金属的货币。两种货币在法律上的价值相等，但人们最终发现了两种货币的区别，于是将不含杂质的货币储存起来，而将含有其他金属的货币拿去交易流通。长此以往，市面上的良币（不含杂质的货币）就渐渐被储存起来而流通的越来越少，直至市场上就只剩下劣币在交易。

在金银复本位制之下，金币和银币之间的兑换比率是政府法定的，所以会长期稳定不变，但市场上的金银之间的相对价格却会经常发生上下波动。若在市场上，当黄金价格超过法定兑换率时，人们更多会选择将手中价值较大的金币（良币）熔成金块出售，再买回银币（劣币）使用，这样就可比直接用金币换银币划算得多。如果银的价值上升而金的价值下降，人们就会按上述比例用金兑换银，将银贮藏，流通中就只会是金币。

劣币驱逐良币有一个重要的前提条件，就是这两种货币必须同时都作为法定货币，有一定的法定兑换比率，而且这两种货币的总和必须超过社会所需的货币量。只有这样，才能使其中一部分良币被收藏起来退出流通领域。

劣币驱逐良币这一经济规律自从人类给金钱以一定的币值时起，就起作用了。

在古罗马时代，人们在买卖时习惯从金银钱币上切下一角，这种简单粗暴的做法很明显就让人们意识到货币的价值减小了。于是人们就把足值的金银货币积存起来，专门用那些不足值的货币。为控制人们对钱币的破坏，政府发行了边缘带细小锯齿沟槽的货币，这样的足值货币边缘非常容易辨识，有利于人们在流通中拒绝那些含量不足的货币。

在古代中国，这种现象也同样存在。公元前2世纪，西汉的贾谊曾记载"奸钱日繁，正钱日亡"的史实，这里的"奸钱"指的就是劣币，"正钱"指的是良币。

进入了纸币流通的时代，"劣币驱逐良币"现象也存在。最为常见的就是，大家都会把肮脏、破损的纸币或者不方便存放的劣币尽快花出去，而留下整齐、干净的货币。

当然，货币之间的排他性不仅是劣币驱逐良币，也存在良币驱逐劣币。比如，在一个完全自由的外汇市场，各种货币之间没有一定的法定比价，于是这些货币中那些走势坚挺、含金量较高的货币被认为是"良币"，而那些走势疲软、不为大众所接受的货币被认为是"劣币"。于是，在外汇市场上，人们更愿意接受"良币"，而不愿意要"劣币"，从而形成"良币驱逐劣币"的局面。

电子货币——货币史上的飞跃

电子货币是指以金融电子化网络为基础，以商用电子化机具和各类交易卡为媒介，以电子计算机技术和通信技术为手段，以电子数据形式存储在银行的计算机系统中，并通过计算机网络系统以电子信息传递形式实现流通和支付功能的货币。

电子货币自出现至今发展已有30多年的历史，但作为电子货币外在形式之一的信用卡和电子资金传输系统其实早就存在。

1946年，美国佛拉特布什国民银行首先发行用于旅行的信用卡，但由于其只能用于货币支付，不能提供消费信贷，因此不能算是真正意义上的银行信用卡。

1952 年，美国富兰克林国民银行发行了世界上首张真正意义上的信用卡。

1958年，美洲银行发行美洲银行信用卡，并逐渐吸收中小银行参加联营，最终发展成为今天鼎鼎大名的维萨集团。

1966年，美国西部各州银行组成联合银行协会发行万事达信用卡。

至今，维萨集团和万事达集团逐渐发展成为当今世界上最大的两个国际信用卡组织。

长期以来，欧洲人采取的都是直接转账的方式，由银行直接为消费者支付账单转移资金。尤其芬兰和瑞典等互联网用户比例所占较高的国家，三分之二的交易都是通过电子方式完成的。芬兰和瑞典等国家网络银行客户的比例也超过了世界上其他的国家。

电子货币的出现方便了人们外出购物和消费。电子货币通常在专用网络上传输，所以通过设在银行、商场等地的ATM机器就可完成货币支付操作。电子支付手段大大减少了经济运行的成本。

随着互联网商业化的发展，电子货币在网上电子信用的基础上发展起来，其具有以下特点：

（1）以电子计算机技术为依托，进行储存、支付和流通。

（2）可广泛应用于生产、交换、分配和消费领域。

（3）融储蓄、信贷和非现金结算等多种功能于一体。

（4）电子货币具有使用简便、安全、迅速、可靠的特征。

（5）现阶段电子货币的使用通常以银行卡为媒体。

在我国，随着电子货币化程度不断提高，各种电子货币的形式也层出不穷，具体有以下几种形式：

（1）储值卡。指某一行或公司发行的可代替现金使用的各种IC卡或磁卡，如日常生活中我们最常使用的电话充值卡、超市购物卡等。

（2）信用卡。是银行或专门发行公司发给消费者使用的一种信用凭证，是一种把支付与信贷两项银行基本功能融为一体的业务，同时具备信贷与支付两种功能。

（3）电子支票。是一种电子货币支付方法，其主要特点是通过计算机通信网络安全转移存款以完成结算。

（4）电子现金、数字现金。是一种表示现金的加密序列数，可以用来表示现实中各种金额的币值。

（5）电子钱包。是顾客在电子商务活动中网上购物最常使用的小额支付工具。

虚拟货币——电子商务的产物

虚拟货币种类繁多，目前市场上流通的各种网络虚拟货币年销售额高达几十亿元人民币，并且还在以每年15%～20%的速度递增。虚拟货币作为电子商务的产物，正在扮演着越来越重要的角色。在虚拟与现实之间，虚拟的货币有其现实价值。就其本质而言，虚拟货币大概有以下三种类型：

（1）游戏币，是游戏玩家在游戏内用来购买各种游戏道具，不与现实流通中的法定货币发生直接的兑换关系，但玩家之间可以交易的币。如盛大公司的点券，新浪推出的U币或米票（用于iGame游戏）等。

（2）门户网站或即时通信工具服务商发行的专用货币，可用于购买该网站服务商提供的服务，比如腾讯公司的Q币，可用来购买会员资格、QQ秀等增值服务。

（3）虚拟货币。较为典型的是美国贝宝公司发行的一种网络货币，消费者只要向该公司提出申请，便可以将银行账户里的钱转成贝宝货币，可用于网上购物。其本质上和银行卡付款并无太大差别，只是服务费低，特别是在进行国际交易时更是不必考虑汇率因素。目前，中国还没有类似的公司。

下面，我们重点说下影响最大的Q币。Q币是由腾讯公司于2002年5月推出来的一种虚拟货币，Q币可以用来支付相关QQ号码、会员等服务费用，也可以用来购买游戏的点卡、虚拟物品，甚至一些影片、软件的下载服务等。通常，1Q币代表1元人民币。随着互联网的迅猛发展，短短的几年，Q币就受到了网民们的青睐。

有人认为，Q币等网络虚拟货币由商家发行，一旦Q币等虚拟货币商家无限发行，势必对人民币造成威胁。持这种观点的人相信，以Q币为代表的网络虚拟货币迟早会越过雷池，成为另一种电子货币。从这方面看，虚拟货币似乎具有货币的某些特征，但人们并没有把他们看作真的货币来对待。

也有人认为，Q币作为网络虚拟世界中的交易支付手段，已被赋予某种价值，可以作为等价物交换。但货币的本质首先是流通的，其次才是一般等价物，而Q币等虚拟货币只是作为等价物的特殊商品而已。有交换功能也不等于就是货币，Q币等虚拟货币毕竟只局限于网络，需要以人民币计价，本身也不可以直接兑换成货币，不具备法定货币的地位和价值，这就说明它们和我们现实中流通的货币并不对等，因此不会对人民币造成大的冲击。

对此，腾讯公司认为，Q币是"商品"而非"货币"，它是腾讯公司为方便广大用户推出的用于购买相关增值服务的一种支付工具。获得Q币必须用人民币购买，而人民币是有数量控制的，所以Q币的发行量也是有限的，并非无限制发行，因此不具有搅动货币市场的能力。

而且，对比人民币来看一下，Q币没有时间价值，所以也就不存在Q币银行、Q币利息、Q币通货膨胀等问题。由此不难看出，称Q币为虚拟货币确实比较勉强。

数字货币——电子货币的替代货币

随着互联网的迅速发展，电子货币、虚拟货币等概念也逐渐被人们所提及，数字货币应运而生，并大有取代传统货币的势头，这甚至已经改变了人们的交易和生活方式。那么，数字货币究竟是什么呢？

数字货币，英文为“Digital Currency”，缩写为DIGICCY，是电子货币形式的替代货币。数字货币包括数字金币和密码货币。

1.数字金币

一种实物货币形式，由供应商发行，是一种以黄金重量（克、盎司或迪纳尔为计量单位）而不是法定货币为单位计量的电子货币形式，基本都以他们的公司名字命名，以自我管制的方式运作。数字金币主要通过未配额或者分散配额的黄金存储来资助。截止2006年1月，数字金币供应商持有超过8.6公吨的黄金作为储备，价值大约为1.54亿美元。

当前流通的数字金币主要有八种：（1）e-gold；（2）e-Bullion；（3）e-dinar；（4）GoldMoney；（5）1MDC；（6）Pecunix；（7）Crown gold；（8）Liberty Reserve。

数字金币的购买力也是存在变动区间的，当黄金价格上涨时，数字金币就会变得更有价值，反之，数字金币的价值就会贬值。

（1）数字货币与传统货币、电子货币的不同。数字货币是加密货币，是登记在区块链上的虚拟资产，可溯源，安全性高，造假难度大；没有物理机构，运营成本低廉；以计算机代码的形式存在，可以规定货币的用途，不易被挪用。数字货币与电子货币虽然在使用中的感受相似，但却有本质上的区别。在法律意义上，电子货币需要以主权货币计价，数字货币以其自身的价值定价；在价值属性上，数字货币价值完全由供需决定，被定义为一种大宗商品，电子货币则主要受到货币政策的影响；最后，在运行模式上，数字货币的发行、运作、收单、清算等环节也有着自己的特点。

（2）数字货币与虚拟货币的区别。虚拟货币，现特指网络虚拟经济中的货币。如，百度公司的百度币、腾讯公司的Q币、Q点，盛大公司的点卷，新浪推出的U币、米票（用于iGame游戏），侠义元宝（用于侠义道游戏），纹银（用于碧雪情天游戏）。数字货币简单说就是相对与现在流通的纸币和硬币而言，以数字的方式存在，如你给别人用网银、微信和支付宝转款时，你用的就是数字货币。虚拟货币只是数字货币的一种，只能在特定的小环境下使用。

2.密码货币

一种运用了点对点技术，依靠密码技术和校验技术来创建、分发和维持的数字货币，目前多指比特币类数字货币，如比特币、莱特币等。

密码货币分为开放式采矿型密码数字货币（以比特币为代表）和发行式密码数字货币。

2009年1月3日，比特币网络诞生，中本聪发布了开源的第一版比特币客户端——Bitcoind，世界上第一个比特币区块链诞生，同时诞生了世界上首批50个比特币。2010年，源自Bitcointalk论坛上用户之间的自发交易，即一名用户用10,000比特币购买了一个比萨饼，这产生了划时代的意义，比特币的第一个公允汇率诞生。

随着比特币的广泛流行，到2011年，维基解密、自由网、Singularity Institute、互联网档案馆、自由软件基金会等组织开始接受比特币的捐赠。这使得比特币的影响力得到进一步的扩大。甚至2013年4月，中国四川省雅安地震后，公募基金壹基金宣布接受比特币作为地震捐款。

银行

金融体系的中枢

银行作为金融机构，是经营货币的企业，它的存在是为了方便社会资金的筹措与融通。那么，银行在金融体系中是如何运作的呢？又是如何实现盈利的呢？

中国的银行业——回望我国银行发展的历史

古时，中国就有钱庄、商行、票号等承担货币存贷及兑换业务的机构，而且在纸币发明上甚至比外国人还早了600年。到了清末，中国在西方列强的强烈欺压下，被迫在金融领域全面“对外开放”，外国列强纷纷在华成立银行，发行以银两、银圆或者外汇作为兑现本位的纸币。

比如，英商比1845年在香港成立的丽如银行（东方银行）、1857年成立的英国麦加利银行（渣打银行）、1865年成立的英国汇丰银行。此外，法国的东方汇理银行、美国的花旗银行、日本的横滨正金银行、德国的德华银行、沙俄的华俄道胜银行等也纷纷成立。

1897年成立的中国通商银行算是中国第一家现代银行，清政府授予其发行纸币的特权；1905年，清政府以“官商合办”的形式成立了户部银行，制定章程32条，授予户部银行铸造货币、代理国库、发行纸币之特权，成为中国最早的商业银行；1907年成立了交通银行。这些银行以发行银两票、银圆票和钱票为主，可谓是中国最早的现代纸币。1908年，户部银行改名大清银行；1909年，清政府颁布《兑换纸币则例》第19条，明确规定纸币发行权属于清政府，一切发行兑换业务统归大清银行办理，所有官商钱行号一概不准擅自发行纸币。

至民国初期，民国政府将大清户部银行改组为中国银行。到了北洋政府时期，北洋政府规定银圆作为法定货币，财政部指定由中国银行发行纸币兑换券，“完纳各省地丁、钱粮、厘金、关税，购买中国铁路、轮船、邮政等票及交纳电报费，发放官俸、军饷以及一切官款出纳、商民交易，皆一律通用，不得拒收及折扣、贴水，并按券内地名由各地中国银行随时兑现”——这使得中国银行事实上已具有国家银行的性质。

1913年初，交通银行可以按照中国银行兑换券章程发行钞票，因而交通银行也成为具有国家银行性质的银行。中国银行和交通银行在其股份构成上，和当时的美联储基本一样，国有股份很低，主要以民间股份为主，是典型的公私合营。中国银行和交通银行成为当时北洋军阀政府的两大金融支柱。

其间，随着经济的活跃，许多民间或地方商业银行也相继成立，如盐业银行、新华储备银行、中华商业储备银行、山西裕华银行、农商银行、中国农工银行等，他们也可以发行相应的钞票，即本质上的银圆兑换凭证。

1935 年 11 月 4 日起，南京国民政府发布币制改革公告，实施“法币”政策，“以中央、中国、交通三家银行发行的钞票为法币，取消白银、银圆为流通货币的资格；法币一元收兑原银圆一元，其他金融机构发行的钞票数额以 11 月 3 日为限不许继续发行，已发行的由财政部酌定期限兑换成中央银行所发钞票”。即只有四大家族所控制的中央、中国、交通、农业四家银行才拥有发行钞票的权力，其他银行纸币发行权被取缔。1935 年法币发行量是 45 亿元，至 1945 年抗日战争胜利前夕暴涨到 5569 亿元，到了 1948 年 9 月法币系统崩溃前夕，其发行量更是达到了恐怖的 664 万亿元，物价相比抗日战争前夕更是上涨了 3492 万倍！

1948 年 9 月之后，国民政府采用金圆券，本质上仍然是发钞模式，短短 9 个月时间，钞票印刷量增长了 1000 倍！

伴随着国民党政府纸币系统的崩溃，人民币逐渐成长起来。1932 年，江西瑞金革命根据地的中华苏维埃共和国国家银行就发行了 5 分、1 角、2 角、5 角和 1 元五种面值的银圆券（可以兑换成银圆）。

1948 年 12 月 1 日，中国人民银行成立，总行设在河北省石家庄市，发行在全国解放区流通的“中国人民银行券”，到 1949 年 6 月被正式定名为“人民币”。

1979年开始，中国迈开经济改革开放的步伐，为了加强对农村经济的扶植，中央恢复了中国农业银行；为了适应对外开放和国际金融业务发展的新形势，中国银行成为国家指定的外汇专业银行；同时，还设立了国家外汇管理局，并逐步恢复了国内保险业务，重新建立中国人民保险公司。此外，各地还相继组建了信托投资公司和城市信用合作社，出现了金融机构多元化和金融业务多样化的局面。

1984 年，国家将商业银行的职能剥离出去，成立中国四大银行（中、工、农、建），中国人民银行成为专职的中央银行。

商业银行本质上说是一个企业，它的目标是追求盈利。同时，作为一个企业也应该自负盈亏，赚钱是自己的，钱赔了也就要破产。比如，中国银行、工商银行、建设银行、农业银行、交通银行等都是商业银行，是中央政府的国有企业，而诸如民生银行、华夏银行、北京银行等，也是商业银行，只不过是股份制民营企业或地方政府银行。

1986 年，中国第一家股份制商业银行——交通银行组建成立；1987—1992 年，中信银行、招商银行、深圳发展银行、兴业银行、广东发展银行、中国光大银行、上海浦东银行、华夏银行等一系列股份制国有商业银行相继成立。

由于中央银行不直接对民众，其他金融机构也不能直接得到央行印刷出来的钱，所以商业银行也是唯一能够直接为公众提供货币的机构。其中，政策性银行是政府建立的、特殊的、不以盈利为目的的商业银行。据中国银监会2010年年报披露，中国目前有3家政策性银行（国家开发银行、中国进出口银行、中国农业发展银行）、5家大型商业银行（中、农、工、建、交）、12家股份制商业银行（中信、华夏、招商、深发展、光大、民生、浦发、渤海、广发、兴业、恒丰、浙商）、1家邮政储蓄银行（中国邮政储蓄银行）、147家城市商业银行、85家农村商业银行和349家村镇银行。

1995 年 3 月 l8 日，第八届全国人民代表大会第三次会议通过了《中华人民共和国中国人民银行法》，第一次以法律形式确定了中国人民银行是中华人民共和国的中央银行。1998 年中国人民银行撤销省级分行，跨省（自治区、直辖市）设置九家分行。

1996 年，民生银行成立。这是我国第一家由民营资本投资的全国性股份制商业银行。

2003 年，对于国有独资的商业银行，国家开始实行剥离不良资产政策，并开展股份制改革最终将其上市。2010 年，中、工、农、建、交五大国有银行全部挂牌上市。

2003 年 3 月，中国首次设立中国银行业监督管理委员会，其构成主要由中国人民银行的银行一司、银行二司、非银行司、合作管理司、银行管理司、中央金融工委现有人员组成。其监管理念如下：

（1）管风险。我国资本市场、中小金融机构发展滞后，国有银行在资金配置上长期处于绝对支配地位，因此银行风险非常大。跟监会的职责就是坚持以管控风险为核心内容，通过对银行业金融机构的现场检查和非现场监管，对风险进行跟踪监控，做到早发现、早预警、早控制、早处置。

（2）管法人。坚持法人监管，重视对每个银行业金融机构总体金融风险的把握、防范和化解，并通过对法人实施整个系统的风险控制。

（3）管内控。坚持促进银行内控机制的形成和内控效率的提高，并注重构建风险的内部防线。

（4）提高透明度。加强信息披露和透明度建设。透过加强银行业金融机构和监管机构的信息披露，提高银行业金融机构经营和监管工作的透明度。

中央银行——货币的发行者

1920 年，在比利时布鲁塞尔召开的国际经济会议提出，没有建立央行的国家要尽快建立，已经建立了的要加强央行的独立性，共同维护国际货币体系和世界经济的稳定发展。

第二次世界大战以后，为了恢复经济，稳定金融秩序，西方各国在对中央银行加强控制的同时，也强化央行的权力与责任，这一时期成立的央行大多借助政府力量，借鉴他国以往的经验，从而使其全面、直接地具有“银行的银行”的特征。

直到 1980 年前后，亚、非、拉等一些国家普遍设立了中央银行，这标志着中央银行制度在全球的普及。

对于当代任何一个国家来说，中央银行都是只有一个。英国的中央银行是英格兰银行，美国的中央银行是美国联邦储备委员会，中国的中央银行是中国人民银行，日本有日本央行……钞票由中央银行独家印制和发行。所有的中央银行都具有四大职能：

（1）发行的银行。中央银行是一个国家唯一的货币发行机构。

（2）国家的银行。中央银行代表政府，一般是指大多数国家的中央银行通常还代理政府国库款项收支，代理国家债券买卖，代理保管外汇和黄金储备，制订并监督有关金融管理法规，代表政府参加国际金融组织，出席国际会议，从事国际金融活动以及代表政府签订国际金融协定等。

（3）银行的银行。集中所有商业银行的存款准备金，当所有商业银行的贷款人，组织全国的银行清算等。

（4）调控经济，为政府决策提供科学建议。当经济过热的时候，央行就会提高利率、提高存款准备金率、发售国债（或者三种活动之一），紧缩经济，降低市场流动性——其实就是减少流通中的钞票量；相反，经济衰退的时候，央行就会赶紧降低利率、降低存款准备金率、收购国债（或者三种活动之一），增加市场流动性——其实就是增加流通中的钞票量。

某种程度上，现在全世界各国的金融体系都是以中央银行制度为核心的。当世界各个国家都建立了各自的中央银行之后，其他银行及所有金融机构的任务就是紧密团结在中央银行这个核心周围，为实现国家经济的永久增长而奋斗。

中央银行发行一国货币，币值的稳定与否是一国经济是否健康的一个重要标志。如果大家都认可你的货币，你的货币就会升值，就说明该国的经济是好的。如果大家不相信你，都抛售你的货币，你的货币就要贬值。所以货币标志着一个国家的经济实力，是一种信心的象征，人们愿意要这种货币是因为其足值和稳定。

在现实中，存款货币银行总体向中央银行提取的现金多于存入的现金，是现金发行量的增长，习惯称现金发行；存款货币银行总体向中央银行存入的现金多于提取的现金，是现金发行量的减少，习惯称现金回笼。总体来说，随着经济的增长，现金的发行量都是增长的。

当现金的增发是必然趋势时，那就意味着存款货币银行从准备存款账户不断地提取现金。假定准备存款的金额给定，必然产生如下后果：准备存款随现金的提取而等金额地下降；相应的，存款货币的创造数量也必将因准备存款的减少而相应缩小。显然，现实中不是这样的。在正常的经济活动中，要求现金增发的基础是经济增长，那么经济增长必然也同时要求存款货币有足够的增长，为不断扩大的流转服务，中央银行就会不断地补充准备存款的数量。

既然央行彻底垄断了纸币的发行，所以我们手中的任何一张“钱”，都是出自中央银行的印钞机。由于现在没有一个国家实施所谓金本位、银本位或其他任何商品本位，那么如何防范中央银行滥发纸币呢？各国的货币发行制度因国情不同而内容各异，最核心的是设置发行准备金原则区别。发行准备一般分为两种：一种是现金准备，包括有十足货币价值的金银条块、金银币和可直接用于对国外进行货币清算的外汇结存；另一种是保证准备，大多是用政府债券、财政短期库券、短期商业票据以及其他有高度变现能力的资产作为发行担保。所以，大家要明白的是，现在的纸币，无论是美元、人民币、欧元，还是英镑、日元或瑞士法郎，它不是财富的凭证，而是债务的凭证。实际上，任何一个中央银行的资产负债表里都会把自己发行的钞票量全部列在“负债”这一栏里，而把诸如外汇储备、黄金及印刷机等都列在自己“资产”这一栏里。

中央银行调整存款准备金率，会对国家金融产生多方面的重要影响。

（1）对银行的影响。存款准备金率上调，银行信贷资金减少，贷款利润减少，会直接对以存贷利差为主要业务的银行造成一定影响。

（2）对企业的影响。存款准备金率上调，银行会更慎重选择贷款对象，企业融资环境吃紧。

（3）对股市的影响。每次调整存款准备金，都会对股票市场产生明显的冲击。纵观历次存款准备金率上调，股市跌多涨少。

（4）对期货的影响。存款准备金率上调对金融期货影响较大，对商品期货影响较小。

（5）对存款的影响。存款准备金率上调能直接冻结商业银行资金，加强流动性管理，抑制货币信贷总量过快增长。存款准备金率上调，银行会加大力度吸收新的存款，但对老百姓存款而言并没有什么直接影响。

银行间的往来——“钱管家”之间的现金是如何流转的

银行与银行之间是怎样往来的呢？对于这个问题，许多人都感到很好奇。其实，商业银行之间的支付清算业务，都是通过中央银行来进行的，其主要机构是票据交换所。

自企业之间相互往来的票据交托给银行后，企业之间的债权债务关系也就演变成了企业与银行之间的债权债务关系，银行通过支付清算，完成企业之间账款的转移。

在过去相当长的一段时间，这种债权债务的清算是各家商业银行自己把收到的收款票据送到各应付款银行去收取款项，从而结清相互之间的债权债务。这种方式虽然当天就可结清业务，但工作量极大，容易出错，而且还很不安全。随着业务量不断增大，各商业银行的收款员开始在约定的时间、约定的地点进行票据交换，以节省时间和精力。由此，这种专门从事票据交换的票据交换所便正式出现了。

最初的票据交换所，业务非常单一，仅限于各家商业银行自行办理票据交换和清算。实际上，每家银行的票据交换依然是自己进行的，票据交换所只是提供了这样一个专门的场所。

后来，人们发现在所办理的业务中，每家银行所发生的票据几乎涉及其他所有银行，任何一张票据有收款银行就必定会有付款银行，有付款银行也必定会有收款银行，所有应收、应付款项的总额一定是相等的。这样，实际上每家银行就没必要去一笔笔清算，只要把每家银行的应付款

（应收款）总额与应收款（应付款）总额轧差成净额，每家银行只要收入或付出自己应该收到或付出的净额就行了。

比如，甲银行和乙银行当天一共有1000笔票据往来业务。按照过去的工作程序，甲银行和乙银行员工需要对这1000笔业务往来一笔一笔清算，这样的清算方式工作量大，出差错率高。而通过净额结算，工作就立刻变得简单了。此时，甲银行只需把这1000笔业务的收入和付出金额汇总，便可得出收入与付出的差额；乙银行也同样。假如这个净额在甲银行为收入500万元，表明当天甲银行应该从乙银行收回现金500万元；那么在乙银行就一定是付出500万元，如果有出入那就证明汇总的结果有误。这样做的最大好处是，所有银行交换票据只要统计支付与收入差额这一笔金额就可以了。

一般来讲，票据交换主要有以下几个流程：

（1）交换前，每家银行先把应收票据按照不同付款银行，分门别类地进行归类整理，计算出应该向每家付款银行收取多少金额，以及他们的汇总金额，填写票据交换计算表。

（2）交换时，每家银行把应收款票据分别提交给各付款银行，同时接受他们递交过来的应付款票据。核对无误后，计算应该付给各银行多少款项，以及他们的汇总金额，然后填写票据交换计算表。

（3）每家银行根据自己的交换票据计算表，比较应收款、应付款总额，轧差净额，填写交换差额报告单，持单与票据交换所的总决算员办理最后的款项收付。

由于每家商业银行和票据交换所都有在中央银行开设的活期存款账户，所以这种收付差额可直接在中央银行开设的存款账户内进行转账。中央银行作为银行的银行，在票据交换清算中负有最终清算责任。对于中央银行来说，无论这样的清算任务多么繁重，也无论要面对多少家银行及其分支机构，都可以把所有清算任务分为同城和异地两大类来进行处理。

1. 同城票据交换

是指同一地方的银行之间相互进行的资金清算，这项工作主要是通过票据交换所来进行的。不同国家的票据交换所运作方式有所不同，有的是各银行联合举办，有的是中央银行直接主办，但无论如何，票据交换之后的应收款、应付款总额最终都必须通过中央银行集中清算交换才能实现轧差。

2. 异地票据交换

是指不同地方的银行之间相互进行的资金清算。不同国家的异地票据交换方式也不一样，有的是各商业银行之间先进行内部结算，然后由该银行的总行通过中央银行进行转账清算；也有的是直接把异地票据统一集中到中央银行总行那里办理转账清算。但无论如何，异地票据交换都必须通过中央银行统一办理才行。

中央银行在票据结算中，一方面，负责完成众多商业银行最后的资金清算任务；另一方面，只有中央银行出面支付清算才能提高清算效率，加速资金周转。中央银行在为各商业银行提供这项服务的同时，也能从中了解、掌握各家商业银行的资金运转情况，以便中央银行对各商业银行实施监督、管理。

银行也会破产——无奈的“最后贷款人”

大多数人觉得把钱放银行最保险，银行存款应该是最安全的一种储蓄手段了，100%肯定没问题！然而，事实真的如此吗？其实，银行会倒闭，而且现实已经发生了。

2008年5月31日，摩根大通宣布完成对贝尔斯登价值14亿美元的收购，使这家拥有85年历史、经历过大萧条及多次危机的顶级投行在华尔街消失。9月15日，拥有158年历史的美国第四大投资银行雷曼兄弟公司申请破产，第三大投行美林公司则被美国银行收购。9月21日，美国联邦储备委员会宣布批准高盛和摩根士丹利提出的转为银行控股公司的请求。

除投行外，美国的商业银行也受到很大拖累。就在国会与政府就7000亿美元救市方案反复拉锯的11天里，美国最大的储蓄银行华盛顿互惠银行又于2008年9月25日被美国联邦存款保险公司（FDIC）接管，使它成为美国历史上倒闭的最大规模的储蓄银行。美联银行股价当天暴跌27%，国民城市银行股价也重挫25.6%，其后美联银行被富国银行收购。

由此可见，银行破产也是习以为常的。大型银行如此，中小型银行也一样。

尤其是受金融海啸影响，中小型银行受到的冲击更严重。因为这些中小型银行根本无力与大型银行竞争业务，所以它们平时都把精力集中在住房贷款业务上。众所周知，金融海啸正是由次贷危机引发的，因此，这些中小型银行所受的冲击最大也就很好理解了。整个2008年，美国共有25家银行倒闭，超过了此前5年间倒闭银行数量的总和。

2008年10月，随着西方各国纷纷陷入金融危机，法国总统萨科齐呼吁中国、印度等国家参加一次有关重建世界金融秩序的“紧急全球峰会”，以共同应对目前的全球经济危机。在美、欧金融危机愈演愈烈的情况下，越来越多的西方政治家将中国视为全球金融稳定的关键力量，因为中国金融健康并持有巨额外汇储备，因而被赋予了决定未来金融秩序的能力。

而美国国会公布的7000亿美元救市计划根本无法增强市场信心，在解决流动性方面作用有限，根本无法制止实体经济的衰退。这意味着未来信用违约会越发严重，将对美国的金融系统造成进一步的恶劣影响。

在中国，银行当然也会破产！如1998年6月21日，中国人民银行发表公告，关闭刚刚诞生两年十个月的海南发展银行（简称海发行）。这是新中国金融史上第一次由于支付危机而关闭的一家商业银行。

2015年5月1日起，我国《存款保险条例》正式开始施行。《条例》明确规定，存款保险实行限额偿付，最高偿付限额为人民币50万元。其他金融产品不受保护，这就意味着，如果银行破产，你在这家银行购买的理财产品，不管多少，都不会有全额赔付的。

由此可见，商业银行的存亡关系到国计民生，因此我国对商业银行的破产条件较之一般生产性企业要更严格，具体而言应符合以下条件：

（1）商业银行不能清偿到期债务。即商业银行不能按照与存款人的约定及时偿还存款的本金和利息，且丧失正常运营能力，也就是说，若商业银行的总资产不能抵偿其总债务，则该商业银行就达到了法律规定的破产界限。

（2）国务院银行业监督管理机构审查同意。这是由商业银行的特殊地位和对金融业的监管决定的。如果国务院银行业监督管理机构认为能够采取措施帮助商业银行渡过危机，就宣告接管；反之，则同意该商业银行破产。

（3）商业银行由人民法院宣告破产。即宣告商业银行破产的权力属于人民法院，其他任何单位和个人均无权宣告商业银行破产。

商业银行破产需要经过申请、受理、公告、和解和整顿、破产宣告、清算、注销登记和注销公告等阶段。经过了这些步骤，破产商业银行的企业法人资格才能从法律意义上正式消失。

网上银行——科技革命的产物

网上银行，有两层含义：一个指通过信息网络开办业务的银行，另一个指银行通过信息网络提供的金融服务。

我们在日常生活中提及的网上银行，更多是指网上银行服务的概念，即指银行利用网络技术，通过网络向客户提供开户、销户、查询、对账、行内转账、跨行转账、信贷、网上证券、投资理财等传统服务项目，使客户在网上就能够安全便捷地办理银行业务。网上银行突破了传统银行业务在时间上的限制，实行7×24全天候运营，使银行更加贴近客户，更加方便顾客。网上银行不受时间、空间限制，能够在任何时间、地点以任何方式为客户提供金融服务。网上银行有两种发展模式：

（1）虚拟银行，是一种完全依赖于互联网的无形的电子银行。这种网上银行一般只有一个办公地址，没有分支机构，也没有营业网点，没有实际的物理柜台，采用国际互联网等高科技服务手段为客户提供全方位的金融服务。如美国安全第一网上银行，成立于1995年10月，是美国成立的第一家无营业网点的虚拟网上银行，只有19名员工进行网络维护和管理。

（2）在现有银行的基础上，利用互联网作为新的服务手段为客户提供在线服务，实际上是传统银行服务在互联网上的延伸。这是目前网上银行存在的主要形式，也是绝大多数商业银行采取的网上银行发展模式。

我国到目前为止还没有出现真正意义上的“虚拟银行”，国内现在的网上银行基本都是传统银行服务在互联网上的延伸。业务品种主要包括基本业务、网上投资、网上购物、个人理财、企业银行及其他金融服务。

（1）基本业务。包括在线查询账户余额、交易记录，下载数据，转账和网上支付等。

（2）网上投资。包括股票、期权、共同基金投资和买卖等多种金融产品服务。

（3）网上购物。商业银行的网上银行设立的网上购物协助服务，为客户在相通的服务品种上提供了优质的金融服务或相关的信息服务，加强了商业银行在传统竞争领域的竞争优势。

（4）个人理财。各大银行通过网络为客户设计各种理财方案，提供建议或金融服务技术援助。

（5）企业银行。是网上银行服务中最重要的部分之一，一般提供账户余额查询、交易记录查询、总账户与分账户管理、转账、在线支付各种费用、透支保护、储蓄账户与支票账户资金自动划拨、商业信用卡等服务，此外，还包括投资服务等。部分网上银行还为企业提供网上贷款业务。

（6）其他金融服务。在实践中，某些大型商业银行的网上银行除了银行服务外，还为客户提供多种金融服务产品，如保险、抵押和按揭等业务。

由于互联网是一个开放的网络，银行交易服务器是网上的公开站点，且网上银行系统又使银行内部网向互联网敞开了大门，所以无形中给网上银行系统带来了风险。因此，如何保证网上银行交易系统的安全，关系到银行内部整个金融网的安全，这是网上银行建设中至关重要的问题。网上银行业务主要存在以下风险需要引起注意：

（1）传统银行业务所固有的风险，如信用风险、利率和汇率风险、操作风险等。同时，由于网上银行的特点是银行与客户不直接见面、客户分散、业务区域跨度大、市场变化快等，银行难以准确判断客户的信誉状况、抵押品价值变化等因素而承担的风险。

（2）系统安全风险。主要是应用系统设计的缺陷、计算机病毒攻击等，可能造成银行资料外流、威胁用户资金安全等不良后果。

（3）法律风险。随着网上银行业务的发展，出现了很多亟需解决的现实法律问题，而现行的法律规定或者是处于空白状态，或者因为立法的原因存在一定的局限性，这也给网上银行业务运营和监管带来一些体制性障碍。为了有效防范风险，确保网上银行业务运作的安全性，必须加强对网上银行的监督与管理。

利率

金融市场的“晴雨表”

利率作为资金的价格，受到经济社会中许多因素的制约。利率的变动会对整个经济产生重大的影响。它关系着汇率、消费、投资与失业率，与我们每一个人息息相关。

利息——利息的来源及其对经济的影响

利息，是货币所有者因放贷货币而从借款者手中获得的报酬，也就是借款人支付给贷款人超过本金的那一部分金额。在古希腊语中，利息就是“子孙”的意思，因此利息也被称为“子金”“利金”，相应地，本金也被称为“母金”。

利息为什么会存在，人们众说纷纭。先来看看从古至今最有代表性的几种观点：

（1）古典经济学家中的配第最早提出了利息是一种报酬的说法；

（2）洛克认为，利息在此基础上还应当包含某种风险收入；

（3）坎第隆最早提出了利息是货币价格的观点；

（4）斯密最早提出了利息表示剩余价值的观点；

（5）英国经济学家西尼尔认为，利息是借款人（资本人）“节欲”的报酬；

（6）奥地利经济学家庞巴维克认为，利息是资金的“时差”；

（7）美国经济学家费雪认为，利息是人心不满足发生借贷行为产生的，如果没有借贷行为也就无所谓利息了；

（8）当代经济学家凯恩斯认为，利息是放弃流动偏好得到的报酬。

马克思认为，利息的本质只能是利润的一部分，是剩余价值的特殊转化形式。贷款人之所以能收到利息，是因为它拥有这部分资金的所有权，如果没有所有权，他就无法取得利息收入。相反，借款人之所以要付出利息，是因为他把这部分资金运用于生产经营活动后获得了价值增值（如果事实上没有实现价值增值，理论上也应当如此，否则他就没有必要借用这笔资金）。

利息是货币资金在向实体经济部门注入并回流时所带来的增值额，也是资金所有者由于借出资金而取得的报酬，它来自生产者使用该笔资金发挥营运职能而形成的利润的一部分。可见，关于利息的来源和本质，最正确的说法应当是马克思的观点。

货币本身并不能创造货币，不会自行增值，只有当资本家用货币购买到生产资料和劳动力，才能在生产过程中通过雇佣工人的劳动，创造出剩余价值。而资本家凭借对资本的所有权，占有新创造出来的剩余价值。

货币在执行资本的职能时，获得一种追加的使用价值，即生产平均利润的能力。所有资本家受剩余价值的利益驱使，追求利润。因此，利息在本质上与利润一样，是剩余价值的转化形式。

我国学者则认为，在以公有制为主体的社会主义社会中，利息来源于国民收入或社会财富的增值部分。

利息往往通过影响企业的行为、影响居民消费、影响政府行为来达到对经济的影响。

1. 影响企业的行为

对企业来说，利息作为企业的资金占用成本已直接影响企业经济效益水平的高低。企业为降低成本、增进效益，就要千方百计减少资金占用量，同时在筹资过程中对各种资金筹集方式进行成本比较。全社会的企业若将节约利息支出作为一种普遍的行为模式，那么，经济成长的效率也肯定会提高。

2. 影响居民消费

利息收入是居民资产选择行为的主要诱因。从我国目前的情况看，高储蓄率已成为我国经济的一大特征，这为经济高速增长提供了坚实的资金基础，而居民在利息收入诱因下做出的种种资产选择行为又为实现各项宏观调控做出贡献。

3. 影响政府行为

由于利息收入与全社会的赤字部门和盈余部门的经济利益息息相关，因此，政府也能将其作为重要的经济杠杆对经济运行实施调节。如：中央银行若采取降低利率的措施，货币就会更多地流向资本市场，当提高利率时，货币就会从资本市场流出。政府如果采用信用手段筹集资金，就可以用高于银行同期限存款利率来发行国债，将民间的货币资金吸收到手中，以用于各项财政支出。

利率——被谁决定，又影响了谁

利率，又称利息率，是指借贷期满所形成的利息额与所贷出的本金额的比率。比如，你在某银行存了10000元，一年后银行里的钱变成了10500元，那么这里面的500元就是利息。利率就等于利息（500元）与本金额（10000元）的比率，即5%。而如果你从某银行贷款10000元，一年后归还11000元，这其中利息为1000元，也就是一年期的贷款利率是10%。贷款利率总是大于存款利率，这也是银行经营存贷款业务的主要动因。

在会计核算中，全球各国的会计制度都规定，借款所发生的利息支出首先要作为财务费用列入成本，只有在扣除这一部分后，剩下的部分才能作为经营利润。利率有许多种分类方法，具体如下。

1. 根据计算方法的不同来划分

根据计算方法不同，分为单利和复利。单利是指在借贷期限内，只在原来的本金上计算利息，对本金所产生的利息不再另外计算利息。

单利的计算公式为：

$$I=P\times r\times n$$

$$S=P\times(1+r\times n)$$

其中，I表示利息额，P表示本金，r表示利率，S为本息之和，n为信用存续期限。

关于复利的概念以及计算公式，我们在前面已经讲过，在此不再赘述。

与单利相比，复利更重视时间因素所起的作用，也更能反映信贷关系的本质，更好地体现信贷资金占用时间越长利息越多的原则。当然，复利的计算过程也要复杂得多。

2. 根据与通货膨胀的关系来划分

根据与通货膨胀的关系，分为名义利率和实际利率。央行或其他提供资金借贷的机构所公布的未调整通货膨胀因素的利率；实际利率则是名义利率剔除通货膨胀因素以后的真实利率。比如说，现在国家统计局公布了年末的CPI数据，表明今年的物价比去年同期上涨了5%，如果此时银行的存款利率为3%（名义存款利率），那么存款的实际利率就是-2%（3%~5%）。实际的存款利率为负，表明存款的利息收入尚且无法弥补物价上涨带来的损失，存款的实际收益为负，所以在通货膨胀时期，银行存款并不是良好的选择。

3. 根据确定方式的不同来划分

根据确定方式不同，分为官定利率、公定利率和市场利率。官定利率是指由政府金融管理部门或者中央银行确定的利率。公定利率是指由金融机构或银行业协会按照协商办法确定的利率，这种利率标准只适合于参加该协会的金融机构，对其他机构不具约束力，利率标准也通常介于官定利率和市场利率之间。市场利率是指根据市场资金借贷关系紧张程度所确定的利率。在我国，目前的利率标准基本上是官定利率。

4. 根据利率在借贷期内是否可调整来划分

根据利率在借贷期内是否可调整,分为固定利率和浮动利率。固定利率就是在借贷期内不会调整利率，发放的利息固定；浮动利率则会在借贷期内根据实际情况适当调整利率，发放的利息不固定。

例如，某人在银行有一笔两年期的存款，第一年发放了100元的利息，第二年发放了150元的利息，两年的利息不相等，此即为浮动利率。

一般来说，短期借款（一年以下）都采用固定利率，而中长期借款（一年以上）的利率都是浮动的。

5. 根据国家政策意向的不同来划分

根据国家政策意向不同，分为一般利率和优惠利率。一般利率是指在不享受任何优惠条件下的利率，优惠利率是指对某些部门、行业或产品所制定的较低的利率。

在西方国家，商业银行通常对那些资信最高、处于有利竞争地位的企业实行优惠利率；而在我国，通常是对某些重点行业和领域实行优惠利率，如个人商业性住房贷款就全都实行优惠利率。

6. 根据银行业务要求的不同来划分

根据银行业务要求不同，分为存款利率和贷款利率。存款利率是指在金融机构存款所获得的利息与本金的比率。贷款利率是指从金融机构贷款所支付的利息与本金的比率。

无论从哪个角度来看，存款人取得存款利息、贷款人付出贷款利息只要在适度范围内就应该是合理且合法的。例如，银行发放贷款所取得的利息在扣除接受存款支付的利息后，就构成了银行利润的主要来源。可是也应当承认，如果这种利率水平太高，变成了“高利贷”，这就是法律所禁止的了。

利率调整——格林斯潘的“魔棒”

1987年10月19日，被华尔街投资者称为“黑色的星期一”，这一天道琼斯指数在三个小时之内暴跌22.6%，六个半小时后股票市值缩水5000多亿美元。这一天，日后对美国经济界最有影响力的人物，艾伦·格林斯潘也刚好就任美联储主席刚满两个月。翌日清晨，格林斯潘立刻采取行动，宣布降低联邦基金利率，随后，市场长期利率也随之下降。此后经过数个月的调整，华尔街的投资者们逐步获得了足够的投资金钱，从而重拾信心，这使美国经济平稳地渡过了这一场劫难。

此后18年里，格林斯潘就是把利率当成手中一根神奇的“魔棒”，根据经济运行情况，调高或降低利率，美国经济也正是在格林斯潘的这种策略下数次化险为夷，创造了连续八年低通胀、高增长、高就业的神话。

那么，利率为什么会具有如此神奇的魔力呢？这是因为利率的涨跌与居民、企业、政府的钱袋子密切相关，它是调节宏观经济运行的重要杠杆。

1．通过调整银行利率来调节货币供应量

通过提高利率减少信贷规模、减少货币投放，来达到压缩通货膨胀、稳定物价的目的。当利率提高时，意味着人们借款的成本增加，资金短缺者的负担则越重，他们的借款需求会受到一定的制约。一般，股市、楼市对资金的需求较大，因而对利率的变动十分敏感。利率上调对股市、楼市往往是利空因素，通常情况下是市场发生波动的重大因素。

2. 对需要扶持、优先发展的行业实行优惠利率政策

利率水平的变动对资金供给者的让渡行为有重要影响。对于需要扶持、优先发展的行业，政府可对其实行优惠汇率政策，从资金面来支持其发展。相反，对需要限制发展的行业或企业，则可以通过适当提高银行利率的方式来提高其投入成本。

3. 提高利率有利于吸收闲散资金存入银行

当利率上升时，会抑制人们的消费欲望，可以吸引居民把闲余资金存入银行，减少社会货币总量，抑制通货膨胀。同时，银行利率的提高也会增加企业贷款成本，抑制商品销售，减少企业盈利。在经济发展过热时期，提高利率，可以减少货币供应，抑制经济过快发展。从宏观角度来看，当利率水平提高时，一方面减少消费、增加储蓄，使社会资金供给扩大，从而有可能使社会产出扩大；另一方面又可能使投资受到抑制，从而使社会产出减少。

4. 通过利率变动改变一国的国际收支状况

当前世界各国频繁运用利率杠杆实施宏观调控，利率政策已经成为各国中央银行调控货币供求，进而调控经济的主要手段。当一个国家紧缩信贷、上调利率时，在国际市场上形成利率差异，这将引起短期资金在国际移动。资本一般总是从利率低的国家流向利率高的国家。当一国国际收支发生严重的逆差时，可将本国短期利率提高，以吸引外国的短期资本流入，减少或消除逆差；当发生过大的顺差时，可将本国利率水平调低，以限制外国资本流入，减少或消除顺差。

虽然利率是国家和银行调控经济的有力手段，看似离我们很远，但在我们日常的经济生活中，依旧要及时了解利率的变化，这样才能使我们的经济生活更加协调。

利率与生活——利率与我们的生活息息相关

或许很多人会认为利率离我们很远，其实不然。利率影响着我们的收入、支出，对我们的财富造成影响，它对绝大部分人都有着深远的影响。

在市场经济时代，企业对利率极度敏感。利率提高将使得企业借款成本上升，使得企业投资项目的预期利润率下降，那么企业就不会继续扩大规模，从而影响新就业机会的增加；同时，利率的提高也是政府紧缩性货币政策的表现，这就必然会影响总需求的增加，使得企业产品销售更加困难，企业利润下降就可能因此减产缩员，必然有一部分人失业。

当然，降低利率，也未必就可以增加就业，刺激经济增长。因为如果经济社会的总需求极度不振，人们对经济前景的展望也会极度黯淡，那么即使利率极低，人们同样不敢投资，也不敢扩大消费，就业仍然无法增加，资本主义大萧条时期的情况正是如此。除非人们依然对未来充满信心，那么此时降低利率是有效的，投资和消费都会增加，就业也会扩大。

利率对股票市场有着重要影响。一般情况下，一旦有中央银行加息（提高利息）的消息传出，股市十有八九会下跌。这主要是因为利率可通过以下几个途径影响股市：其一，利率提高，存款收益相应提高，人们就会增加银行存款而减少股票持有量，即意味着股票需求减少，股价必然下降；其二，利率的提高导致企业成本增加，预期利润将减少，人们预期股票价格将下跌，便会抛售股票，从而导致股价下跌；其三，中央银行突然大幅提高利率，使经济体系无法承受高额利率带来的影响，从而造成经济衰退，股市必然大跌。

尽管如此，但股票价格变动成因非常复杂，利率只是其中比较关键的因素之一，因而加息对股价下跌的影响很可能被其他的利好因素所抵消。其实，就利率本身来说，其对股价的影响都不是一致的。例如，加息会使得企业经营日益困难，盈利能力下降，此时，企业就可能将本来用作投资的钱投入股市以获取短期的投资收益，从而使得股票需求大增，在股票数量不变的情况下，必然使得股市大涨。所以，利率对股票的影响是复杂的，不能盲目跟风，而需要自己综合考虑，得出结论。

利率对房价也有着重要影响。首先，如果利率提高，人们贷款购房需要偿还的利息增加，成本增加，从而导致购房需求减少、房价下跌，且利率的提高可能导致部分购房者无力按期偿还贷款的本息，发生“断供”现象，因而会造成房地产市场的恐慌，使得房价下跌。其次，房地产开发所需资金量巨大，开发商本身的资金很少，绝大部分是要依赖银行贷款的。当利率大幅提高时，房地产企业的借款成本必然大幅上升，其还贷压力也将骤然加大，而且利率的上升也表明政府在紧缩信贷需求，获得银行贷款的难度也在增加，此时房地产商将被迫打折销售住房以尽快地回收现金流，从而使得房市整体下跌。

回顾世界各国的经济发展历程，我们可以发现，在很长的一段时间内各个国家都经历了一轮房价上涨期，在此期间人们坚信房价只会上涨而不会下跌，因此房地产投机极为活跃，如20世纪80年代的日本和自2000年以来的美国。但随着日本经济泡沫的破灭和世界金融大海啸的爆发，房地产价格暴跌。这表明随着房地产价格的连续暴涨，危机也在不断地孕育，当积聚到一定程度时必然要爆发出来。有经济学家指出，导致美国次贷危机爆发的最直接原因就是美联储提高利率，这使得部分次级贷款者出现“断供”，从而打击了人们对房地产市场的信心，瞬即传导到投资市场，造成了市场的恐慌，并进一步演化为波及全球的金融大海啸。

互联网金融

“小而美”的微金融

互联网金融是互联网技术和金融功能的有机结合，依托大数据和云计算在开放的互联网平台上形成的功能化金融业态及其服务体系。当前“互联网 + 金融”格局，由传统金融机构和非金融机构组成。如今，互联网金融已成为金融发展的趋势。

余额宝——每天都有新收益

2013年6月17日，支付宝推出余额宝，是蚂蚁金服旗下的余额增值服务和活期资金管理服务。余额宝对接的是天弘基金旗下的增利宝货币基金。

天弘基金成立于2004年11月8日，2013年，天弘基金通过推出首只互联网基金——天弘增利宝货币基金（余额宝），改变了整个基金行业的新业态。2014年年底，天弘基金公募资产管理规模5898亿元，排名行业第一。

余额宝上线不到6天时间用户数量就突破了100万，截止到2016年6月余额宝用户数量逼近3亿，是国内用户数最多的公募基金公司。而且，余额宝的注册和投资流程简单快捷、易于操作，用户还可以随时登录客户端进行收益的查询，方便理财。截至2016年6月30日，余额宝为用户赚取利润近93.45亿元。

余额宝背后对接天弘基金，用户将钱转入余额宝，即默认购买了天弘增利宝，相当于一种投资，钱由基金管理，收益是投资收益，且没有设置最低理财限制，1元钱即可认购，有利于将社会上的闲散资金聚拢起来，形成规模效应。因而余额宝的收益较之同期的银行活期储蓄相比要高出一大截，甚至比一般的银行理财产品也高很多。余额宝的收益是按日结算的，计算公式如下：

当日收益=（余额宝确认资金/10000）×每万份收益

其中，“余额宝确认资金”指当日余额宝内确认的资金数量，以15：00为一个时间界限，每天15：00以后转入的金额都算作第二天的入账金额，并且还需要一个工作日的审核时间（周六日及节假日不计入）。为保证尽早获得收益，最好在工作日周一到周四15：00前进行金额转入操作。“每万份收益”指由基金公司公布的每一万元的收益情况，这个数值是变化的。

当用户选择将资金从余额宝转出或者使用余额宝进行购物支付，则相当于赎回了增利宝基金份额，且为了方便使用，该货币基金不仅“当天赎回、当天到账”，更可“实时到账”。

从2016年10月12日起，天弘基金相关负责人证实，“余额宝转出不收费，转出包括转出到本人银行卡和支付宝余额，均将继续免费。”并给出建议“如果用户的支付宝余额里有闲钱担心被收费，在新规则实施前即10月12日前把钱转入余额宝则是一个明智选择。”

此外，余额宝取现到账时间为单笔5万以下第二个自然日24小时前到账；单笔高于5万元，提交后的一个工作日内24点前到账，且大额的资金转入转出余额宝也有一定限制，着急提现的需要谨慎操作。

余额宝改变了国人“闲钱储蓄”的理财习惯。如今，余额宝已成为国民理财的“神器”。目前，余额宝依然是中国规模最大的货币基金。正是由于余额宝的横空出世，拓展了大众理财的渠道，在余额宝强大的资金聚拢效应影响下，各大银行纷纷推出类以余额宝的产品以应对挑战，比如平安银行推出“平安盈”、民生银行推出“如意宝”、中信银行联同信诚基金推出“薪金煲”、兴业银行推出“兴业宝”和“掌柜钱包”等。不过，“宝宝”军团的出现，并未影响到余额宝中国第一大货币基金的地位。

目前，余额宝作为“现金管理工具”的定位已经越来越明显。人们已经习惯将手头闲钱买余额宝等新兴的互联网金融理财产品，少则几百元，最多上万元，只留少量现金即可以应付日常所需了。所以，对于保守型投资者或刚进入社会不太会理财的“月光族”，将自己手上的钱投入余额宝是一个不错的选择。

从长期来看，余额宝的收益会逐步回归到货币基金较为均衡的收益水平。截至2016年12月，余额宝七日年化收益率已经降到了2.6110%，这个收益率是目前一年期银行存款利率1.500%的1.74倍。显然，余额宝的收益远远高于银行存款，而且转入转出方便、快捷，日常现金可以用余额宝进行管理。从某种程度上，余额宝可以作为活期储蓄的替代品。然而，余额宝真的告别了其辉煌的年代，尤其是随着P2P理财产品的异军突起。

当然，余额宝作为一款理财产品，用户将资金转入余额宝就是一种投资行为，投资必然有风险。余额宝背后的天弘基金是一款货币基金，货币基金对市场利率有很高的依存度，如果央行降低利率，那么货币基金的收益会迅速下降。

此外，针对网络技术风险，余额宝为用户提高了交易安全，如果用户妥善保管你的账户和密码，账号密码没有被泄露性基本上就不会出问题。而且为了应对风险，支付宝母公司浙江阿里巴巴电子商务有限公司已经出资11.8亿元认购天弘基金，以51%的持股比例成为其第一大股东，牢牢掌控自己的金融产品安全，保障用户的利益。同时，支付宝还做出了余额宝用户如果发生资金被窃全额赔偿的保证。我们也有理由相信，余额宝在系统方面的风险控制在国内是一流的。

P2P——网贷的模式与平台选择

P2P网贷，又称为P2P网络借款，是"peer to peer"的简写，意为"个人对个人"，有人译为"人人贷"，指个人通过P2P平台，向其他个人提供小额借贷的金融模式。其正确的缩写形式为PTP，P2P是中国媒体不规范的一种叫法，目前已经被中国网民所熟悉。

P2P网贷的典型模式为：网络信贷公司提供平台，由借贷双方自由竞价，并由网贷平台撮合成交。资金借出人获取利息收益，并承担风险；资金借入人到期偿还本金与利息，网络信贷公司则收取中介服务费。P2P平台借助互联网，为有资金需求和理财需求的个人搭建了一个安全、高效、诚信的网络借贷平台，一方面出借人实现了资产的收益增值，另一方面借款人可以在P2P平台上发布借款需求，快速筹得资金。

英国Zopa被称为互联网上第一家P2P银行，其基于21世纪计算机网络技术的快速发展而应运而生的新模式，网络高效化使得传统的"多对一"（运用网络做直销），"一对多"（企业网上申请贷款）的两步走借贷模式，直接跨越到"多对多"（个人对个人放款），从而省去了中间的银行环节。具体的服务形式有很多，包括发布信息、信用审核、咨询、贷款追偿等，有些平台还提供资金托管服务，这些都没有逾越"非债券债务方"的边界，也就是说平台也是一个中介。

P2P平台2005年开始以网络平台方式在英、美等发达国家发展并逐渐成熟，2006年底进入中国。2013年是网贷平台发展黄金时期，以平均每天

1～2家上线的速度快速增长。值得注意的是，P2P行业在中国大致与美、英等发达国家发展同步，借助信息技术的发展，将过去分散的民间借贷搬到了互联网上，让出借人与借款人在网络上能够精准对接。

P2P网贷有多种运营模式，这是由其无准入门槛、无行业标准、无机构监管的特点决定的。其有以下几种模式：

1. 纯线上模式

资金借贷都是通过线上进行，不结合线下的审核。企业审核借款人的资质往往通过视频认证、身份证、银行流水账单等，此类型的典型平台有拍拍贷、合力贷、人人贷等。

2. 线上线下结合模式

借款人在线上提交借款申请，平台通过其所在地代理商采取入户调查的方式审核借款人的资信情况，此类模式以翼龙贷为代表。

3. 债券转让模式

公司作为中间人对借款人进行筛选，以个人名义进行借贷之后再将债券转让给理财投资者，此类模式以宜信为代表。

现在P2P行业平台信息不对称，所以P2P网贷仍然是属于高风险投资品种。投资者在接触P2P网络借贷平台时，往往首先会被其较高的收益率所吸引。的确，某些融资项目可以带给投资者超过10%的收益率，比一般理财产品高出不少。所以，投资P2P网贷的资金一定是配置高风险产品的资金，投资时应分散投资，千万别孤注一掷。投资者最应该关注的是资金的安全性，对平台背景、平台属地、业务结构、利率水平、网站软件等予以综合考察。此外，还应当考虑资金的流转是否直接，若P2P网络借贷平台本身能够接触到资金，则有可能发生资金被中途拦截、转移的风险。对于借款人是否有抵押物，是否获得了第三方融资性担保公司的担保以及平台本身是否提供连带责任等都应该纳入考虑范围。

2014年以来，P2P网贷平台接连出现倒闭，少数平台跑路的信息也给行业发展带来了不好的影响，同时收益率也在不断下降。但收益率下降其实是P2P网贷回归理性的良好信号，随着风控体系的发展，P2P网贷行业的发展将更加趋于差异化和多元化。

那么，对于P2P网贷存在的上述风险，应该如何防控呢？又该如何选择安全规范的P2P平台呢？

1. 选择正规的理财平台

正规的P2P理财平台，只是作为撮合借贷双方的中介，并不接手资金、利息，第三方费用也是非常透明，且第三方费用也是第三方收取，与平台本身并无关系，平台仅收取相应的手续费。因此，在P2P平台投资理财，一定要选择正规化、规范化、阳光化的平台，这样才能保证出借资金的安全。

2. 选择"先行垫付"的平台

在保障出借人资金安全方面，有的平台会把借款项目分成不同的标的，平台本身承担"先行垫付"的职能，当借款人逾期还款时，平台先行垫付给出借人，保障出借人的利益。如，人人贷平台的"先行垫付"功能就完全保障了投资人的本金安全。

3. 选择审核流程严格的平台

在选择P2P平台时，要考察平台是否有一套完善的风险管控技术，是否有抵押，是否有一套严格的信用审核流程，是否有一个成熟的风险控制团队，是否有还款风险金，是否每一笔债券都是非常透明。

4. 选择大平台

一般而言，大平台也是其实力的体现，规模越大其风险管控越严格。平台背景的优先等级如下：政府机构背景、银行金融集团背景，其次是持牌的小额贷款公司和融资性担保公司，再次是非融资性担保公司，投资公司，典当公司，财富公司，资产管理公司，私募股权基金，最后是普通的金融咨询服务公司，电子商务公司，网络科技公司等。

5. 选择合适的利率水平

风险总是与收益成正比，但在P2P行业中，利率高低并不体现安全性。因为影响利率水平的因素除综合运营成本外，还与市场环境、放贷水平、风控能力有关。

现阶段由于网贷理念尚未能普及，同时，相关监督法律法规不够齐全、技术不够完善，使得一些网贷平台携款跑路现象时有发生，这在很大程度上影响了P2P网贷的发展。2014年，P2P理财行业被纳入银监会监管范围，P2P理财平台将走向正规化、标准化。

平台跑路之初一般都会有些征兆，比如网站不能正常登录、提现不及时、短期连续出现巨额标的等，在这些不正常现象连续出现时，投资者就该提高警惕了，一旦发生提现困难就应该尽快找到平台管理层严正交涉，要求其尽快还款。在还款请求没有响应后，投资人应立刻联合其他投资人到平台所在地公安局经侦大队报案，同时聘请律师和平台接触解决问题，以保障自己的正当利益。

可见，一家值得信赖的平台必然在安全指数上会更让人们信服。

理财通——收益超活期12倍的理财新秀

理财通，属于腾讯官方理财平台，是腾讯财付通与多家金融机构合作，为用户提供多样化理财服务的平台。在理财通平台，金融机构作为金融产品的提供方，负责金融产品的结构设计和资产运作，为用户提供账户开立、账户登记、产品买入、收益分配、产品取出、份额查询等服务，同时严格按照相关法律法规，以诚实信用、谨慎勤勉的原则管理和运用资产，保障用户的合法权益。理财通精选货币基金、定期理财、保险理财、指数基金等多款理财产品。可通过官网、微信、手机QQ三平台灵活操作，随时随地无缝理财。官网最高支持1000万额度！

理财通与多家基金公司合作，给用户更多元化的选择。理财通不直接提供金融产品，不参与投资，所以不承担风险。金融机构作为金融产品的提供方，负责金融产品的设计以及与购买理财产品的投资者签约履行投资管理服务，并进行资产配置。用户在理财通购买相关金融产品时，需要了解相关金融产品的投资风险，独立做出投资决策。

理财通平台可以使用多张银行卡购买产品，但只能转出到一张银行卡内。第一笔购买使用的银行卡将作为理财通安全卡，资金仅可使用此卡进行赎回。安全卡就是为了保障理财通账户资金安全，理财通暂不支持支付与转账。同时，理财通还将对安全卡进行24小时资金监控，确保资金账户安全。

2014年1月22日消息，经过一周的测试，腾讯理财通正式上线。截至

2016年6月，理财通总用户数超过6000万，累计为用户赚了超过70亿元。

理财通平台金融产品类别主要有以下4种：

1. 货币基金

货币基金是一种可以随时申购赎回的基金产品，资产主要投资于短期货币工具（一般期限在一年以内，平均期限120天），如国债、央行票据、商业票据、银行定期存单、企业债券（信用等级较高）、商业存款等短期有价证券。

货币基金整体流动性好于其他基金品种，快速赎回当天发起最快当天到账，普通赎回当天发起T+1日后到账。

货币基金投资安全性高，流动性强，收益稳健，出现亏损的可能性较小。但在一些情况下也可能会出现亏损风险，例如：投资的债券发生违约，不能偿付，可能产生亏损；多数用户同时赎回时，基金短期内需要大量现金兑付，集中抛售债券，可能产生亏损。其风险和预期收益低于股票型、混合型及债券型基金。

目前，理财通货币基金主要有华夏基金财富宝、汇添富基金全额宝、易方达基金易理财、广发基金天天红四种产品供客户选择。

2. 定期理财

定期理财是指有固定投资期限的一种基金产品，一般为1～3个月，到期即可赎回。支持预约赎回，到账时间都为T+1。定期理财相对比货币基金可以获得更高收益，出现亏损的可能性较小。但在一些情况下也可能会出现亏损风险，如：投资的债券发生违约不能偿付、市场利率上升导致债券价格下降时可能产生亏损。

目前，理财通定期理财主要有平安聚富季季盈第5期、民生加银理财月度、招商招利月度理财、银华双月理财等产品供客户选择。

3. 指数基金

指数基金是指由基金公司运作，以特定指数（沪深300指数、标普500

指数、纳斯达克100指数、日经225指数等）为标的指数，并以该指数的成分股为投资对象，通过购买该指数的全部或部分成分股构建投资组合，以追踪标的指数表现的基金产品。通常"指数涨基金涨，指数跌基金跌"。指数基金属于高风险产品，熊市和牛市差别很大，投资时需要判断自己的风险承受能力。

目前，理财通指数基金提供易方达沪深300ETF联接、嘉实沪深300ETF联接、工银沪深300指数、南方中证500ETF联接、华夏沪港通恒生ETF联接、易方达恒生中国企业ETF联接等产品供客户选择。

4．保险理财

保险理财产品是由保险公司发行，受保监会监管的投资理财产品，主要投资于具有良好流动性的银行存款、短期债券、信用等级较高的类证券化金融产品以及保监会允许的其他投资产品。保险理财一般包括万能险、投连险、分红险、养老险等，其投资风险高于货币基金。

在此需要引起注意的是，保险理财不具备保险保障功能，仅作为投资者提供专业的投资理财服务，不具备医疗、意外、身故赔付等保险保障的功能。保险理财大多采用定期缴费，缴费满一定年限后，按定期的方式分期返还本息。

目前，理财通保险理财提供国寿嘉年天天盈、平安养老富盈5号、太平养老颐养太平1号等产品供客户选择。

京东小金库——整合支付业务

互联网金融的风生水起也极大地激发了货币基金的发展潜力，据基金业协会最新数据显示，2014年前两月，货币基金规模增长近7000亿元，整体规模已达1.4万亿元，占据公募基金管理总规模的1/4。目前，各大基金公司仍在趁热打铁，加紧与各种电商平台合作，并逐渐适应“互联网速度”。

2014年3月28日，京东互联网理财产品——“小金库”上线，作为京东金融平台的“开门红”。从电商到金融，京东个人账户体系由此形成了完整闭环。此外，未来不仅有基金业务，还会包括信用卡业务、保险业务以及一些银行理财和个人贷款。小金库的7日年化收益超过5.6%，在互联网各宝的收益中处于中上游。

“小金库”是基于京东账户体系的承载体——网银钱包推出的，目的在于整合京东用户的购物付款、资金管理、消费信贷和投资理财需求。“小金库”将首先服务于京东1亿多的用户，并紧紧围绕京东自身的业务展开。

“小金库”首先将上线两款货币基金产品，分别为嘉实基金的“活钱包”与鹏华基金的“增值宝”，购买京东小金库相当于购买了一只货币基金。

京东小金库与阿里推出的余额宝类似，用户把资金转入“小金库”之后，就可以购买货币基金产品，同时“小金库”里的资金也随时可以在京东商城购物。京东小金库是京东金融集团为用户提供的个人资产增值服务，让用户的闲散资金也能获得高于普通储蓄的收益。

收益计算公式如下：

收益=（京东小金库内已确认份额的资金/10000）×当天基金公司公布的每万份收益

京东小金库的收益是每日结算且复利计算收益，获得的收益自动作为本金第二天重新获得新的收益。

转入京东小金库的资金在第二个工作日由基金公司进行份额确认，对已确认的份额会开始计算收益，收益计入您的京东小金库资金内，请在份额确认后的第二天15：00后查看收益。15：00后转入的资金会顺延1个工作日确认，双休日及国家法定假期，基金公司不进行份额确认。例如，周四15：00后转入的基金，基金公司下周一完成份额确认。

将资金转入京东小金库相当于购买货币基金产品。根据《财政部国家税务总局关于证券投资基金税收问题的通知》，对投资者从基金分配中获得的股票的股息、红利收入以及企业债券的利息收入，由上市公司和发行债券的企业在向基金派发股息、红利、利息时代扣代缴20%的个人所得税，基金向个人投资者分配股息、红利、利息时，不再代扣代缴个人所得税。

京东小金库的资金由华泰保险公司全额承保。京东小金库严格遵守国家相关法律法规，对用户的隐私信息进行严格保护；京东小金库采用业界最先进的加密技术，用户的注册信息、账户收支信息都已进行高强度加密处理，不会被不法分子窃取到；京东小金库设有严格的安全系统，未经允许的员工不可获取用户的相关信息；京东小金库绝不会将用户的账户信息、银行信息以任何形式透露给第三方。

京东小金库认购门槛为1元，没有申购赎回费。根据基金行业历史经验，建议持有100元以上，可以有较高概率获得收益（若当天收益不到1分钱，系统可能不会分配收益，且也不会累积）。

京东小金库转入嘉实活钱包，单日、单笔限额500万，单日无限次，每月无最大额度限制。京东小金库转入鹏华增值宝，单日、单笔无限额，单日无限次，每月最大额度限制为100万。

京东小金库提现至银行卡单笔限额为5万，单日限次3次，单日限额为15万，单月累计无限额。京东小金库转出至网银钱包单笔限额为5万，单日限次为3次，单日限额为15万，每月最大额度限制为100万。

百度金融——百问，百理

百度理财是百度金融旗下专业的互联网理财平台，目前包括活期理财、安心理财、成长投资、智能投资管家等核心服务。其中主打的活期与安心理财产品属于低风险产品，让用户能够安心理财，放心投资。

此外，百度理财还推出智能投资管家服务，根据用户的个性化理财需求，智能推荐专业的资产配置方案，帮助用户合理管理资产流动、分散投资风险。下面主要介绍百度旗下主要理财产品：

1. 百赚

"百赚"，是百度理财最新推出的财富增值服务，是百度理财和华夏基金合作推出的一款理财产品（华夏现金增利E类）。该产品主要投资于期限在1年以内的国债、央行票据、银行存单等安全性较高、收益稳定的金融工具，不投资股票等风险市场，与股市无直接联系，所以风险较低。

目前百赚支持7家储蓄卡的资金购买。1元起投，投钱收钱不收取任何手续费。百赚属于货币型基金，风险低，收益率还是远高于银行同期存款利率，安全性有保障。

（1）百赚180天，是一款保本的保险型理财产品，由华夏摇钱树两全保险（万能型，B款）构成，持有满180天退出不收取手续费，180天内领取会有相应的费用扣取；本产品目前只支持全部领取，不支持部分领取。

本产品保险期为十年，保险期满前如您不领取，可持续享受收益；

本产品没有任何申购费用，资金100%进入个人账户；保单生效之日零时起10个自然日内（含第10日）为犹豫期（各地如有特殊规定的，依照其规定），犹豫期内要求解除合同的，不收取任何手续费，退还所交全部保险费（无利息）。

持有本产品即将满180天时，用户可以在小金库中选择收钱至银行卡，并确认用户已上传身份证正反面照片或扫描件；或选择继续持有本产品并享受高收益，一直到保险期满，届时产品提供方华夏人寿会主动联系用户办理退出事宜。

根据监管部门的相关规定，为了用户的资金安全，退保或全额领取需上传身份证正反面照片或扫描件。若身份证未上传，将影响用户办理相关业务（如撤单、退保等，身份证审核需3个工作日）。

（2）百赚365天，本产品是一款具有理财功能的保险产品，是由生命e理财年金保险（万能型）构成，保险期为终身，持有该产品满1年后退保或者全额领取不收取手续费，一年内领取会有相应的费用扣取。

客户收到电子保单次日零时起十日内为犹豫期（各地如有特殊规定的，依照其规定），犹豫期内要求解除本合同，将全额无息退还已交保费；犹豫期后要求提前领取，如果持有本产品未满一年的，会按照账户价值的5%收取手续费。持有满1年全额领取不收取手续费。

若需提前退保，请拨打百度客服1010-0066咨询退出事宜，并上传用户的身份证正反面照片或扫描件。

本产品的最低保证利率为年利率2.5%，2015年5月14日之前购买该产品的预期年化收益率为6.50%。2015年5月14日～2015年7月10日购买百赚365产品的预期年化收益率为7.23%，2015年7月13日起购买百赚365产品的预期年化收益率为7.680%。

（3）百赚利滚利版。百赚利滚利版背后是嘉实的一支货币基金。货币基金是一种较低风险投资品种，它类似活期储蓄有定期储蓄的收益

（2012年嘉实货币基金收益4.16%），具有高流动性、高收益和高安全性的特性，被誉为“准储蓄”。货币基金主要投资银行存款和债券来获得存款利息和债券投资收益，不投资股票，风险较低。嘉实管理的嘉实货币基金自2005年成立以来，未出现过负收益。货币基金常用的两个评估收益的指标，一个是每万份收益，另一个是七天年化收益率。货币基金购买和赎回均是按1元计价的。

目前，百赚利滚利版对购买额是有限制的，每一个账户每天最多只能购买5万元。

2. 百发

“百发”其实并不是一个产品，而是互联网金融模式的创新，是一个组合形式的理财计划。“百发”理财产品属于货币型基金，主要的投资领域是一年以内的银行定期存款、银行大额存单、央行票据以及剩余期限在397天以内的债券，投资领域相对安全，风险较低。

投资者购买“百发”产品，只需要把钱从银行转账到“百发”即可，不收取手续费。对于资金体现，也可及时转账到绑定的银行账号，提现也是不收取手续费的。

“百发”是百度进军金融领域的重要一步，其推出时间要远远晚于其他互联网理财产品。有媒体报道，百度曾对证监会表示将拿出3亿元补贴消费者，所以这些补贴就是消费的保证。

（1）百发100指数，是“百发”系列指数中的第一支产品，全称“广发中证百度百发策略100指数型证券投资基金”，由百度公司、中证指数公司、广发基金管理有限公司三强合作编制并对外发布的互联网指数。百发100基金创新融合互联网、大数据与量化策略，是国内首支互联网大数据基金，为网民提供了投资大数据获利机会。

百发100源于对互联网海量用户的搜索数据和用户行为数据的挖掘，百发100的成分股大多集中于基本面优良、契合市场或行业轮动特点等具有稳定业绩回报和投资价值的股票。结合大数据因子设计、编制有效的BFS指数模型进行量化分析，并每月调整一次成分股，更敏锐地反映股票搜索热度，其纯正的互联网基因为投资提供更精确的市场风向标。

“百发100”指数投资理财时机属于投资指数型证券投资基金。指数超额收益显著，投资增值成长性优秀；大数据技术结合量化投资策略，把握市场投资热点；指数实盘运行表现优异。

（2）百发精选，全称“广发百发大数据策略精选灵活配置混合型证券投资基金”。

投钱起点10元起投。百发精选以中证800指数成分建立初选库，既涵盖中证500中小市值成长股，又囊括沪深300大市值价值股，样本均衡，长期领涨。结合百发大数据对高纬度、大规模的复杂数据优异的处理能力，精选出极具投资价值的个股，建立量化模型，实施对冲，快速适应市场变化，化解风险。

3. 百度理财B

2013年10月28日，百度理财平台的首款产品“百度理财B”上市遭哄抢，10亿元额度4小时售罄。

“百度理财B”和“百赚”不仅投资标的一样，而且都可T+0快速赎回。“百度理财B”对接的华夏现金增利E，有额度限制，因为购买了“百度理财B”的用户拥有一个百宝箱。百宝箱内奖励的多少跟投资者持有百度理财B的金额和时长有关。这意味着，如果投资者提前赎回“百度理财B”，会影响到百宝箱里的奖励。

银行新理财——逆袭互联网“宝宝”

自2013年以来，余额宝最高七日年化收益率一度接近7%，2014年其平均七日年化收益率也在4.83%左右，2016年12月20日余额宝的七日年化收益率已降至2.78%，几乎被腰斩。理财通7日年化收益率也跌倒2.76%。各大互联网收益持续下跌。

与此同时，各家银行推出了自己的理财产品。比如薪金宝、活期宝、现金宝、平安盈、掌柜钱包、如意宝等，且与互联网类似，都是货币基金，自由赎回，零手续费。银行系理财产品的收益也逐渐赶超互联网。目前，平安盈7日年化收益率有2.94%，掌柜钱包7日年化收益率有2.66%，如意宝7日年化收益率有2.72%。

在新的市场环境下，“互联网+银行”不但帮助银行轻松突破了固有的业务和商业模式，而且使其具有“无限扩展”的可能。实际上，从安全性方面来说，以银行做背景的银行系互联网金融理财产品具有天然的优势。

1. 工商银行“薪金宝”

对接的是货币基金——工银薪金货币A，其主要投资于短期货币工具，如国债、央行票据、商业票据、银行定期存单、企业债券、商业存款等。工商银行薪金宝的购买起点为100元，认购费、申购费、赎回费均免费。另外，工银薪金宝只能在工作日购买，赎回到账时间是T+1个工作日，比如今天15：00之前赎回，则明天24：00之前到账；如果是周五15：00后赎回，则下周二的24：00之前到账。

购买工银薪金宝之前需要携带身份证与工行储蓄卡到工行网点做一份风险评估报告，比多数互联网多了一道程序。

目前工银薪金宝有4条购买途径：（1）工商银行网点柜台；（2）工商银行多媒体自助终端机；（3）工商银行网上银行（需要U盾）；（4）工商银行手机银行（需要U盾）。值得注意的是，通过手机银行购买也需要通过U盾，如果你之前用的是电脑与手机通用接口的U盾，则无须更换，但是如果接口不同则需要更换。

2. 中国银行“活期宝”

“活期宝”是中国银行继中国工商银行推出自己的类余额宝业务后国内第二大国有银行推出的互联网理财产品，该产品是中国银行旗下中银基金推出的一款货币基金产品，主要投资于现金、通知存款、一年以内（含一年）的银行定期存款和大额存单；剩余期限（或回售期限）在397天以内（含397天）的债券、资产支持证券、中期票据；期限在一年以内（含一年）的债券回购、期限在一年以内（含一年）的中央银行票据、短期融资券，及法律法规或中国证监会允许基金投资的其他金融工具。收益远超活期。从历史数据来看，货币基金收益稳定风险极小。

“活期宝”每日计算当日收益并分配，且每日进行支付。每日收益转为基金份额，滚动投资。1元起购，零手续费。随时取现，可当天（T+0）快速赎回，即时到账。（快速赎回暂只支持中行卡，单笔及单日上限均为30万元，7×24小时）。安全有保障，由基金托管银行对中银活期宝货币基金的资金实行全程监控，确保资金安全!

“活期宝”比较适合工薪族、理财新人等追求低风险收益相对更好的人群投资。

3. 交通银行“超级现金宝”

“超级现金宝”是交银施罗德基金网上直销为您提供的现金管理账户，充值“超级现金宝”即购买“交银现金宝货币基金A”。闲置资金存入超级现金宝，存取和活期存款一样方便，但收益远超活期。

超级现金宝可以当成活期用。支持7×24小时实时存取，取现1秒到账，实时取现额度最高达500万。每日计息分红，收益远高于活期存款。1分钱起存，存取零费用。

交银现金宝对接的是交银货币基金，由于货币基金主要投资于流动性高、收益稳定的短期货币工具，不参与股票投资，因此风险低，历史上出现本金亏损的概率极低。

4. 平安银行“平安盈”

“平安盈”是平安银行通过与金融机构合作（包括但不限于保险公司、银行、基金公司、证券公司等），在互联网上通过财富e为投资者提供的系列金融产品服务。目前“平安盈”提供南方现金增利基金、平安大华日增利货币基金的快速转入及转出。

平安盈的收益远超活期，天天计算收益，月月进行分红，且分红免税收；投资起点更低，1分钱起购，转入与转出均不会产生任何手续费；需要资金时，可T+0实时转出、节假日也可实时转出，还可直接购买基金、理财产品、转账或信用卡还款；安全性好，主要投资短期货币工具，如存款、央行票据等，风险小。

5. 兴业银行“掌柜钱包”

“掌柜钱包”是兴业银行推出的一款余额理财工具，除了具备与其他余额理财产品相似的“7×24小时交易”“T+0赎回到账”等特性外，“掌柜钱包”还具备“1分钱起购”“当日申购无上限”“具备目前业内最高当日赎回额度3000万元”和“赎回资金瞬间到账”等独特创新特点。

“掌柜钱包”通过“钱大掌柜”连接的众多银联平台合作银行以及第三方支付公司，实现各种理财功能的无缝式交易。诸如用户在“钱大掌柜”看到心仪的理财产品，但是由于目前距离发行日较远，那么可以将资金存入到掌柜钱包中，在这段时间即可享受收益。然后在发行期临近的时候，将掌柜钱包的资金取出并申购心仪的银行理财产品。目前，“钱大掌柜”已支持80多家银行卡购买，使得“掌柜钱包”的覆盖面更加广泛。

“掌柜钱包”账户体系采取全封闭策略，投资者钱包里的资金最终只能回到开户时所绑定的银行卡里，即使客户的登录密码和转账密码不慎泄露，他人也无法转走掌柜钱包内的资金，所以货币基金交易的安全性也更有保障。

6. 民生银行“如意宝”

“如意宝”是一款基于货币基金的互联网余额理财产品，主要对接的货币基金——民生加银现金宝基金，其成立于2013年10月，民生加银基金作为民生银行控股的基金公司，是“如意宝”的主要货币基金提供方。货币基金不承诺保本，但实际上货币基金发生本金亏损的概率很小。

通常，人们可以在民生银行网站平台上购买“如意宝”。1分钱就可起投、门槛低、自动申购、随用随取（T+0）等优势，可以为客户提供更加优质的投资理财服务，为客户余额理财、资产增值带来全新的体验。目前直销银行已开通并提供网站、手机APP、微信等渠道7×24小时服务，任意一张银行卡均可购买。未来，民生银行直销银行将持续推出理财、贵金属、小额消费贷款、公共缴费等产品，满足客户多元化互联网金融服务需求。

7. 中信银行“薪金煲”

“薪金煲”是中信银行于2014年推出的现金管理工具，是为客户提供的一项活期资金余额增值业务。中信银行借记卡客户开通“薪金煲”业务后，选择与指定基金公司货币基金绑定，可在原卡功能外增加货币基金投资功能，自动进行活基（活期+货基）申赎两变，满足ATM取款、转账、POS刷卡消费，自动关联还信用卡、房贷、车贷等支付需求。既让您享受到活期存款的便利，又有望获得更高的货币基金收益。

申请快速赎回基金份额，不享受当日损益，申请普通赎回基金份额，则可享受当日损益。每个开放日15：00前发起的有效主动转入（申购）份额将自下一个交易日起开始计算损益。投资者购买"薪金煲"，享受的收益实际为该货币基金产品的收益。货币基金收益并不稳定，因此"薪金煲"也不固定。

8. 广发银行"智能金账户"

"智能金账户"指广发银行与易方达基金合作，整合了储蓄账户、货币基金及信用卡三种金融产品，一个账户即可帮助客户实现现金管理、财富增值及信用卡便利支付的三重"自动化"体验。

客户只需在广发银行网上银行进行简单操作，在设定最低留存现金额度及最高扣款金额后，客户储蓄卡该范围内活期余额都自动申购成货币基金，智能便捷。如客户遇到特定的资金使用需求，"智能金账户"内货币基金的赎回同样方便，仅需登陆广发银行网上银行进行简单操作即可。帮助客户真正实现收益性和流动性的有效平衡。

客户通过货币基金实现支付消费账单，在享受信用透支消费，确保准时还款的同时，通过把现金资产投资兼具高流动性和稳健收益的易方达货币A货币基金，可获得最高相当于活期存款的收益，由此实现"用银行的钱消费，用自己的钱投资"，让客户的活期资金获得最大效率的目的。

汇率

与外国人做买卖要懂汇率

汇率作为一个重要的经济杠杆，其变动会通过影响进出口、物价和资本流向来作用于宏观经济。无论是国家，还是企业，甚至是个人，都要关注汇率问题。因为它涉及国家的稳定和繁荣，涉及企业的国际化发展，以及对个人投资产生影响。

外汇市场——左手交钱，右手也交钱

随着国际贸易往来的频繁，银行外汇业务的发展，使不同国家间的货币购买力转移成为可能。而且，外汇还可以发挥调剂国家之间资金余缺的作用。比如，发展中国家急需建设资金，而发达国家则要为其剩余资金寻找出路，这就需要外汇市场发挥资金调剂的作用。

那么，什么是外汇呢？简单地说，就是以外币表示的用于国际结算的支付凭证。其有广义和狭义之分。

广义的外汇指的是一国拥有的一切以外币表示的资产。我国1997年修正颁布的《中华人民共和国外汇管理条例》规定："外汇，是指下列以外币表示的可以用作国际清偿的支付手段和资产，国外货币，包括铸币、钞票等；外币支付凭证，包括票据、银行存款凭证、邮政储蓄凭证等；外币有价证券，包括政府公债、国库券、公司债券、股票、息票等；特别提款权、欧洲货币单位；其他外汇资产。"

狭义的外汇指的是以外国货币表示的，为各国普遍接受的，可用于国际债权债务结算的各种支付手段。它必须具备三个特点：可支付性（必须以外国货币表示的资产）、可获得性（必须是在国外能够得到补偿的债权）和可兑换性（必须是可以自由兑换为其他支付手段的外币资产）。

知道了什么是外汇，接下来我们再来了解外汇市场。

外汇市场，即全球外汇买卖的市场，是全球最大的金融市场，日交易量高达4万亿美元。外汇市场虽然被称为市场，但其并没有具体交易场所，而主要是通过电脑网络进行外汇买卖交易活动。外汇市场有广义和狭义之分。广义的外汇市场是指所有进行外汇交易的场所。为了进行贸易结算，商人们必须到市场上进行不同货币之间的交换，这种买卖不同国家货币的场所就是广义的外汇市场。

狭义的外汇市场是指外汇银行之间进行外汇交易的场所。外汇银行买卖外汇，要产生差额，形成外汇头寸的盈缺，由于市场上汇率千变万化，银行外汇头寸的盈缺都会带来损失，因此外汇银行要对多余的头寸抛出，或对短缺的头寸补进。各外汇银行都进行头寸的抛补，就形成了银行间的外汇交易市场。

全球主要外汇市场是由银行等金融机构、自营交易商、大型跨国企业参与，通过中介机构或电讯系统联结，以各种货币为买卖对象的交易市场。目前，世界上有30多个主要的外汇市场。其中，最重要的有欧洲的伦敦、法兰克福、苏黎世和巴黎；美洲的纽约和洛杉矶；大洋洲的悉尼；亚洲的东京、新加坡等。这些外汇市场以其所在的城市为中心，辐射周边其他国家和地区。

中国人民银行于1994年4月成立了中国外汇交易中心暨全国银行间同业拆借中心，1996年1月启用人民币信用拆借系统，随后又推出了交易系统，2002年6月又开办了外币拆借中介业务，已初步实现了“多种技术手段、多种交易方式、满足不同层次市场需要”的目标。

外汇市场由主体和客体两部分构成。外汇市场的主体是指参与交易者，具体包括如下几个方面。

（1）外汇银行。是指本国中央银行批准的外汇指定交易银行或金融机构，既可以从事针对客户个人的零售业务，也可以从事针对同行的批发业务。具体包括可以经营外汇业务的商业银行、外国商业银行分支机构、其他金融机构（如信托投资公司、财务公司）。

（2）外汇经纪人。是指经中央银行核准为双方接洽外汇交易赚取佣金的中间商。

（3）客户。是指与外汇银行发生外汇交易关系的机构和个人。

（4）中央银行及其官方机构。由于一个国家的中央银行具有相当数量的外汇余额作为国际储备，同时又承担着维护本国金融稳定的职责。所以，中央银行经常会通过买卖某种国际货币的方式来干预外汇市场，保持本国货币汇率。

外汇市场的客体是指交易对象，包括各种可自由交换的外币、外币有价证券、支付凭证等。

一般来说，外汇市场的类型可以从不同的角度来划分：

1. 根据外汇市场的性质来划分

根据外汇市场交易的性质，可分为传统外汇市场和创新外汇市场。

（1）在传统外汇市场上进行的是传统的外汇交易，主要包括即期外汇交易、远期外汇交易、套汇交易和掉期交易。

即期外汇交易，又称为现货交易或现期交易，是指外汇买卖成交后，交易双方于当天或两个交易日内办理交割手续的一种交易行为。即期外汇交易是外汇市场上最常见、最普遍的交易方式，主要是因为即期外汇买卖不但可以满足买方临时性的付款需要，也可以帮助买卖双方调整外汇头寸的货币比例，以避免外汇汇率风险。

远期外汇交易，指市场交易主体在成交后，按照远期合同规定，在未来（一般在成交日后的3个营业日之后）按规定的日期交易的外汇交易。远期外汇交易是有效的外汇市场中必不可少的组成部分。虽然远期外汇交易在签订合同时不发生资金转移，但为了表示诚意，双方在签订这份合同时需要交纳一定的保证金。远期外汇交易的期限一般间隔是1个月、3个月、6个月、1年，以3个月最常见。

套汇交易，是指利用不同地点、不同货币品种汇率的高低差异进行贱买贵卖，从中获取差价。由于受多种因素影响，每个国家的外汇市场汇率都有高低之差，当这种差异大到从中进行异地套汇有利可图时，就可以在这个市场上以低汇率买进，同时在另一个市场上以相对较高的汇率卖出以获取差价。

掉期外汇交易，就是通常所说的时间套汇，是指同时买入和卖出同一种金额的某种外汇，但买入和卖出的交割时间不同。较为常见的是货币掉期交易和利率掉期交易。前者是指两种货币之间的交换交易，后者是同种货币资金的不同种类利率之间的交换交易，一般不伴随本金的交换。掉期交易是近年来发展迅猛的金融衍生产品之一，已成为国际金融机构规避汇率风险和利率风险的重要工具。

（2）在创新外汇市场上进行的是创新的外汇交易，包括外汇期货、外汇期权和货币互换等。

外汇期货，又称为货币期货，是在最终交易日按照当时的汇率将一种货币兑换成另外一种货币的期货合约。

外汇期权，也称为货币期权，指合约购买方在向出售方支付一定期权费后，所获得的在未来约定日期或一定时间内，按照规定汇率买进或者卖出一定数量外汇资产的选择权。

货币互换，又称货币掉期，是指两笔金额相同、期限相同、计算利率方法相同，但货币不同的债务资金之间的调换，同时也进行不同利息额的货币调换。

2. 根据外汇交易的组织形式来划分

从外汇交易的组织形式看，可分为有形外汇市场和无形外汇市场。

（1）有形外汇市场，指交易参与者在专门的交易所，在规定的交易时间内进行外汇交易，主要存在于巴黎、法兰克福、米兰和布鲁塞尔等地。

（2）无形外汇市场，指交易参与者利用电话和计算机网络等现代化通信手段进行交易，没有具体的交易场所，同时也没有固定的开盘和收盘时间，普遍存在于伦敦、纽约、东京和苏黎世等地。

3. 根据外汇交易额度来划分

根据外汇交易额度的不同，可分为批发外汇市场和零售外汇市场。

（1）批发外汇市场，这种交易的额度一般比较大，多指银行同业之间进行外汇交易的市场，包括从事外汇业务的银行之间，从事外汇业务的银行与中央银行之间，以及各国中央银行之间进行的外汇交易。

（2）零售外汇市场，指银行与其客户之间进行外汇交易的市场，这种外汇交易的额度一般相对比较小。

汇率制度——反映市场走向的决定性因素

国与国之间货币兑换的比率叫汇率，亦称“外汇行市”或“汇价”。

汇率不但会影响一国的物价、就业和经济的增长速度，而且还会影响其经济结构的调整和经济增长的质量。随着经济的发展，汇率问题已不再是一个简单的货币理论问题，实质上已演变为一个各利益集团利益博弈的问题。

就美元中间价来说，1美元=6.8686人民币元，这就表明每1美元价值人民币6.8686元，这就是美元的价格，就是美元的汇率。对于我国来说，人民币是本币，美元是外国货币，于是用本币表示外国货币的方法在金融学上被称为“直接标价法”，即直接标示出外国货币的本币价格。因此，在直接标价法下，汇率越大，表明外国货币越值钱，本国货币就越不值钱，需要注意的是，世界上绝大多数国家都使用直接标价法。

那么反过来，我们可以用外国货币来表示一定数量的本币，也就是说，以本国货币作为基准货币，其数额不变，而外国货币的数额则随本国货币或外国货币值的变化，这种标价法被称为“间接标价法”。此时，汇率越大，表明同样多的本币可以换回更多的外国货币，本币越来越值钱、越升值，而外国货币就越贬值。世界上只有英国、美国等少数几个国家使用间接标价法。对于美国来说，美元是本币，美国人用美元表示任何货币的价格，如1美元=0.9442欧元、1美元=0.8052英镑、1美元=112.38日元，这对美国来说就是间接标价法。由于美元在世界经济体系中的特殊地位，这种标价法也广为世界其他国家所采用，称为美元标价法。

了解了汇率标价法，接下来我们来区分几种重要的汇率。

1．按照汇率是否统一，可分为单一汇率和复汇率

单一汇率是指一国货币对某一外币只有一种汇率，不管任何不同性质和用途的外汇收付均按此汇率计算。

复汇率也称多种汇率，指对于不同性质和用途的外汇采用不同的汇率进行计算，这是一种歧视性的制度安排。一般而言，采用复汇率制度的是缺乏外汇的发展中国家，采用复汇率制度的原因在于引导外汇的合理流向，实现外汇价值的最大化。譬如，很多国家对奢侈品进口所采用的外汇价格十分高昂，目的在于控制并减少奢侈品的进口。

2．按照汇率制度的不同，可分为固定汇率和浮动汇率

固定汇率是指一国货币同另一国货币的汇率基本固定，汇率波动幅度通常限制在±1%范围之内。

浮动汇率是指货币当局不规定任何汇率波动的上下限，汇率水平完全由外汇市场供求关系来决定。

事实上，当今世界上严格实施固定汇率制度或浮动汇率制度的国家极少，各国的货币当局或多或少地都会对汇率进行一定程度的干涉，所以各国的汇率制度大多介于浮动汇率和固定汇率之间。

那么，汇率是如何被决定的呢？

在金本位制下，假设每100美元的含金量为10克，而每100元人民币的含金量为5克，那么我们可以得出美元与人民币的汇率：1美元=人民币2元。布雷顿森林体系崩溃后，货币与黄金脱钩，如何确定一国货币的“贵”“贱”成为一个难题。经济学家经过多年的推演和求证，推出了很多解释汇率决定的理论和模型，从不同的角度对汇率决定进行了深入的探究，并取得了很大的进展，如购买力平价理论、利率平价理论、国际收支理论和资产市场说等。

不过，虽然这些理论还无法提供有关汇率决定令人信服的见解，但是对于影响汇率变动的各种因素却研究得比较透彻。

从短期来看，影响汇率波动的因素很多，如经济数据的公布，心理预期，政治因素，以及国际短期资本的流动均会使得汇率发生剧烈的波动。而从中长期来看，影响汇率变动的因素主要有国际收支状况、经济增长率、利率差异、财政和货币政策以及通货膨胀率差异。

1. 国际收支状况

这是影响汇率变动的最直接的因素。如果一个国家的商品和服务的出口额比进口额多，出现贸易顺差，相应这个国家挣的外汇就多，花的外汇就少，也就是外汇供给多，需求少，这时，外汇的价格——汇率自然要下跌，该国货币也就相应升值。相反，如果一个国家商品和服务的出口比进口少，出现了贸易逆差，相应挣的外汇少，花的外汇多，外汇供给少，需求多，这时，外币汇率自然会上升，该国货币面临着贬值的压力。

2. 经济增长率

如果一国的经济能够持续增长，就表明该国的技术水平在不断地提高，其国际竞争力将得到增强，出口创汇能力也能够稳步增长，顺差将会积累，外汇供给将显著增加，也将逐步摆脱经济增长初期外汇不足时的“外汇饥渴症”，该国的货币将逐步升值；与此同时，持续的经济增长表明该国具有较好的投资机会和较高的投资回报率，这将吸引大量的外资进入，从而使得资本账户出现顺差，使得货币的升值态势进一步加以强化。

3. 利率差异

随着世界经济的一体化，各国之间的资本流动越来越自由。如果一国的利率水平高于其他国家，那么在该国存款的收益将高于其他国家，从而能吸引国外资金流入，外汇供给增加，进而本币升值；反之，当利率下降时，本币将贬值。因此有些国家在国际收支出现赤字而本币贬值时，就会提高本国的利率，以吸引外国资金流入，从而解决本国货币的贬值问题。

当然，这只是一种选择而已，还有很多国家甚至放任本国货币贬值，以增加出口。

4. 财政和货币政策

紧缩性的货币政策和扩张性的财政政策往往会使得本币升值，扩张性的财政和货币政策使得经济出现通货膨胀，本币将可能贬值，但同时，扩张性的财政和货币政策有可能使得经济出现较快的增长，外资也有可能大量涌入，本币有可能升值，所以最终的效果要看这两种政策综合的影响。

5. 通货膨胀率

如果一个国家的通货膨胀率较高，就意味着这个国家的货币购买力下降，相对于通货膨胀率较低的国家，其货币自然有贬值的压力。反之，如果一个国家的通货膨胀率比其他国家低，其货币就有升值的趋势。

外汇储备——维护国家在国际上的信誉和地位

外汇储备，也称外汇存底，指一国政府所持有的国际储备资产中的外汇部分，即一国政府保有的以外币表示的债权，是一个国家货币当局持有并可以随时兑换外国货币的资产。外汇储备的具体形式多为外国有价证券，外国银行的支票、期票、外币汇票等。

外汇储备主要用于清偿国际收支逆差，以及干预外汇市场以维持该国货币的汇率。外汇储备的多少，从一定程度上反映一国应付国际收支的能力，关系到该国货币汇率的稳定。

一定的外汇储备是一国进行经济调节、实现内外收支平衡的重要手段。当国际收支出现逆差时，动用外汇储备可以促进国际收支的平衡；当国内宏观经济不平衡，出现总需求大于总供给时，可以动用外汇组织进口，从而调节总供给与总需求的关系，促进宏观经济的平衡。同时，当汇率出现波动时，可以利用外汇储备干预汇率，使之趋于稳定。因此，外汇储备是实现经济均衡稳定的一个必不可少的手段，特别是在经济全球化不断发展，一国经济更易于受到其他国家经济影响的情况下，更是如此。

一般来说，外汇储备的增加不仅可以增强宏观调控的能力，而且有利于维护国家和企业在国际上的信誉，有助于拓展国际贸易、吸引外国投资、降低国内企业融资成本、防范和化解国际金融风险。适度的外汇储备水平取决于多种因素，如进出口状况、外债规模、实际利用外资等。每周应根据持有外汇储备的收益，成本比较和这些方面的状况把外汇储备保持在适度的水平上。

中国外汇储备主要由四部分组成：一是巨额贸易顺差；二是外国直接投资净流入的大幅增加；三是外国贷款的持续增多；四是对人民币升值预期导致的“热钱”流入。

中国外汇储备从1994年汇改时的516.2亿美元，到1996年底，中国外汇储备首次突破了1000亿美元，此后四年，储备上升相对平稳。自2000年起，随着中国对外经济与贸易的快速发展，外汇储备保持了高速增长。2005年末增至8188.72亿美元，居全球第二位。2006年2月，中国外汇储备达8537亿美元，超过日本，成为全球外汇储备最大持有国。至2010年3月中国外汇储备已达24470.84亿美元，稳居全球第一位。2011年3月末，中国外汇储备余额为30447亿美元，同比增长24.4%，首次突破3万亿美元大关。

对于如此庞大的外汇储备，又该如何来管理呢？一般来说应遵循以下几个原则：

（1）保持外汇储备的货币多元化，以分散汇率变动的风险。

（2）根据进口商品、劳务和其他支付需要，确定各种货币的数量、期限结构以及各种货币资产在储备中的比例。

（3）在确定储备货币资产的形式时，既要考虑储备资产的收益率，也要考虑其流动性、灵活性和安全性。

（4）密切注意储备货币汇率的变化，及时或不定期调整不同币种储备资产的比例。

其中各国政府管理和经营外汇储备，更加侧重安全性、流动性和营利性三个原则。

安全是保值和增值的基础。不仅是针对货币汇率、利率风险的防范，更重要的是变现、流通、兑换风险的防范。外汇储备应存放在政治稳定、经济实力强的国家和信誉高的银行，并时刻注意这些国家和银行的政治和经营动向；要选择风险小、币值相对稳定的币种，并密切注视这些货币发行国的国际收支和经济状况，预测汇率的走势，及时调整币种结构，减少汇率和利率风险；还要投资于比较安全的信用工具，如信誉高的国家债券，或由国家担保的机构债券等。

流动性是指储备资产作为支付工具，应具备随时变现的能力。现金和国库券流动性较强，其次是中期国库券、长期公债。

营利性是指在保证安全和流动的前提下，在考虑对外支付的情况下，通过对市场走势的分析预测，确定科学的投资组合，抓住市场机会，进行资产投资和交易，在保值的基础上，不仅要获取基本利息的收益，还要努力争取获得较高的投资收益，实现储备资产的增值。

当然，安全性、流动性和营利性三者不可能完全兼得。因为高风险才能有高收益，而安全性、流动性强的资产必然盈利低。所以，各国在经营外汇储备时，往往各有侧重。比如富国多重视流动性，以随时干预外汇市场或用于对外支付，小国和资源贫乏国家多看重价值增值和财富积累。总之，应尽可能兼顾这三项原则，采用投资组合的策略，“不把所有的鸡蛋放在一个篮子里”，实行外汇储备的多元化经营，降低风险，实现增值。

人民币入篮SDR——国际化之路展开新篇章

人民币国际化，是指人民币能够跨越国界，在境外流通，成为国际上普遍认可的计价、结算及储备货币的过程。2016年10月1日，人民币正式加入国际货币基金组织（IMF）特别提款权（SDR）货币篮子。人民币加入SDR是中国改革开放30年的必然结果，人民币国际储备货币地位正式得到认定。

我国人民币为什么能国际化呢？根据历史经验，总结相关要素，影响货币国际化主要有以下几个条件：

（1）该国在全球经济中的相对规模；

（2）该国贸易在全球贸易总量中的相对规模；

（3）该国货币的币值稳定性；

（4）该国金融市场的稳定和完善程度；

（5）该国货币在历史上的信用如何。

我国为保持人民币币值稳定，一直实行稳定的货币政策。近几年治理通货膨胀，维持人民币币值的对内稳定和对外稳定成效显著。亚洲金融危机时，其他国家货币大幅度贬值，而人民币则保持了稳定汇价，防止了危机进一步扩大和加深，为人民币奠定了牢固、可靠的信用基础，为推进人民币国际化创造了前提条件。同时，也取得了良好的效果。

（1）对内保持了物价总水平稳定；

（2）对外保持了人民币汇率稳定；

（3）有利于人民生活安定，国民经济持续快速健康发展；

（4）有利于世界金融的稳定和经济的发展；

（5）有利于实现扩大就业，缓解我国的就业货币流通次数压力；

（6）有利于实现经济增长，国际收支平衡等宏观经济目标。

数据显示，截至2016年8月，人民币是第五大支付货币，市场占有率是1.86%。2015年整个跨境人民币收付金额同比增长21.7%，占中国大陆同期本外币跨境收支比重达28.7%。目前，有超过17万家企业、124家中资银行和61家外资银行开展跨境人民币业务，境外人民币覆盖范围超过190个国家。

与此同时，我国与国际银行的合作逐步深化。截至目前，人民银行与35个境外银行签订双边本币互换协议；全国外汇交易市场已经实现人民币对澳元、欧元、英镑直接交易，区域市场银行柜台实现人民币对泰铢等周边国家交易。此外，人民币基础设施进一步完善，建立了人民币资金跨境收付管理系统。

在经济金融日益全球化的今天，掌握一种国际货币的发行权对于一国经济的发展具有十分重要的意义。一国货币充当国际货币，不仅可以取得铸币税的收入，还可以部分地参与国际金融资源的配置。人民币成为国际货币，既能获得巨大的经济利益，又可以增强我国在国际事务中的影响力和发言权，提高我国的国际地位。我国要想在全球金融资源的竞争与博弈中占据一席之地，就必须加入货币国际化的角逐中。

我国是一个发展中国家，经济发展尤其依赖于资金财富。因此，一旦实现了人民币国际化，不仅可以减少我国因使用外币引起的财富流失，而且将为我国利用资金开辟一条新的渠道。同时，也应该认识到，货币国际化也将为本国经济带来不确定因素。如何在推进货币国际化的进程中，发挥其对本国经济的有利影响的同时，将不利因素降至最低是一国政府必须认真考虑的事情。

通胀与通缩

“金融流感”的影响

小时候，一块钱可以买一个小变形金刚，可以理一次发……但是，如果你不舍得花，一直放到几十年后，你再拿出来，甚至连一个雪糕都买不起了。钱还是那张钱，数值还是那个数值，为什么会有这么大的差距？

通货膨胀——为什么口袋里的钱不值钱了

全球著名的投资商沃伦·巴菲特曾说：“通货膨胀是投资者最大的敌人。”那么，什么是通货膨胀呢？经济学的定义是指流通中的货币量超过实际需要量所引起的货币贬值、物价普遍上涨的经济现象。

通货膨胀率的计算公式为：

当期通货膨胀率=（当前价格水平-上期价格水平）÷上期价格水平×100%

世界各国对通货膨胀程度的度量，大都采用物价指数。度量通货膨胀程度所采用的指数主要有五种：居民消费物价指数（CPI）、生产者价格指数（PPI）、零售价格指数（RPI）、批发物价指数（WPI）和国内生产总值平减指数（GDP Deflator）。

我们可能会有这种感觉，现在的钱越来越不值钱了。其实，不仅仅“现在”的钱是这样，“过去”的钱也是如此，这是一种普遍而正常的金融学现象。

例如，一位农民在1985年卖掉一头500斤的猪，得到500元。如果这位农民既没把钱存进银行，也没把钱花掉，而是把这笔钱藏在家里某个秘密的地方，留作日后养老之用。就这样，一晃30年过去了，到2015年底，他把30年前藏在家里的这笔钱拿出来，此时自己辛辛苦苦养猪换来的500元，现在却只能买到33斤猪肉（按市价15元/斤计算）。这位农民疑惑了："为什么当初卖掉500斤的猪换来的500元钱，现在却只能买回来33斤猪肉呢？"

其实，这就是通货膨胀产生的效应。这位农民的500元在1985年确实是一笔"巨款"了。当时全国人均存款只有几十元。当时这500元，足够买一套房子，可现在想买巴掌大的地方都困难。

我们再来算一笔账，如果你有5000元，以5%的通货膨胀率来说，你的钱的购买力在不到15年内就会减少一半。通货膨胀率如果是7%，只要经过21年，你的钱的实际购买力就会降到目前的1/4。在通货膨胀下，储蓄存款是不划算的，因为货币贬值使得现金的实际购买力下降，在一定程度下银行蚕食了我们的财产。

那么，通货膨胀是怎样发生的呢？一般认为，通货膨胀产生的原因主要有以下四点。

1. 需求拉动通货膨胀

是指经济发展过程中货币的总需求大于总供给，从而引起的价格水平持续上升。具体情况又分为两种：一是现实因素，二是货币因素。

从现实因素看，整个社会都在过度消费、过度投资，财政赤字居高不下。尤其是过度投资，很容易打破货币总需求和总供给之间的平衡，导致价格水平上升。

从货币因素看，货币供应过度，即会拉动价格上涨。当然，如果投资增长速度与货币总供给增长速度相同，价格依然是可以保持不变的。比如，2008年金融危机爆发后，美国联邦储备委员会宣布启动总额达1.75万亿美元"量化宽松"措施，购买包括国债在内的各类债券；2010年11月，又再度启动6000亿美元的QE2。这些措施都是为了应对通货膨胀。

2. 成本推动通货膨胀

是指经济发展过程中，在没有超额需求的情况下由于供给方成本的提高所引起的一般价格水平持续和显著的上涨。包括：

（1）员工工资水平不断提高。随着全社会普遍加工资时，就会引发全社会产品和服务价格的上涨；而产品和服务价格的上涨，又会拉动员工工资上涨，从而形成工资和价格的交替上涨的局面。

（2）垄断行业会强行拉动产品和服务价格的升高。如果价格上涨幅度超过成本增长幅度，利润推动型通货膨胀就出现了。在成本一定的情况下，利润与价格是齐涨共跌的关系，利润推动型通货膨胀实际上就是成本推动型通货膨胀。

3. 需求与成本共同作用的通货膨胀

货币总需求大于总供给会导致通货膨胀（需求拉动通货膨胀），在货币总需求一定（不存在货币总需求拉动）的情况下供给方成本提高也会导致通货膨胀（成本推动通货膨胀）。为缓解通货膨胀，政府经常会采用推动和需求拉动并存的混合手段，从而导致通货膨胀。

4. 经济结构型通货膨胀

不同部门之间货币需求结构的转换、生产率增长水平的差异、与国际市场的联系紧密程度等，都会引发结构型通货膨胀。

（1）货币需求结构转换引发通货膨胀。在货币总需求一定的情况下，某个部门的一部分货币需求会转移到其他部门，而这时候劳动力和其他生产要素却是无法及时转移的。

这样一来，货币需求增加的那个部门的员工工资就会提高，从而引发产品和服务的价格上升；同时，货币需求减少的部门劳动力和其他生产要素又会因为没能及时转移，员工工资不会得到减少，从而导致产品和服务的价格依然维持在原有水平上。总体上看，这时候产品和服务的总价格水平上升了。

（2）部门生产率增长水平差异引发通货膨胀。一般来说，产业部门的劳动生产率增长水平要高于服务部门，而这两大部门的工资增长速度是大体相同的，并且主要取决于产业部门的生产率增长水平。换句话说，产业部门的生产率提高得快，工资增长速度就快，同时也会使服务部门的工资增长速度得到相应提高。

（3）部门差异在国际的传递。当全球市场价格处于上涨进程中时，必然会影响到这个特定国家的价格上涨幅度。只要这个国家无法决定国际市场产品价格，该国的开放经济部门和非开放经济部门就都要受国际市场价格的影响，尤其是开放经济部门，它受到的影响更直接、更紧密。具体来说，当全球货币市场价格上涨时，开放经济部门中的员工工资会率先得到提高，从而带动非开放经济部门中员工工资的增长。

虽然通货膨胀的原因多种多样，归根结底是由货币供应量过多造成的，但并不是说货币供应量过多就一定会造成通货膨胀。因为随着生产的发展、商品价值的增加，客观上需要货币量能够保持同步增长。确切地说，只有剔除这部分正常货币供应量之外的货币量增加，才会引发通货膨胀。

通货膨胀会造成货币价格动荡，对经济和人们的生活造成严重的影响，那么如何来应对呢？

从宏观上来讲，抑制通货膨胀主要是依靠政府进行调控，出台相关的经济政策和措施，例如上调存贷款利率，提高金融机构的存款准备金率，实行从紧的货币政策，包括限价调控令、严禁哄抬商品价格等。

从微观上来说，老百姓自身也可以采取一些措施，以应对通货膨胀。首先要努力工作，多多赚钱，节约开支，以减轻通货膨胀的压力。其次，根据个人情况，可以通过各种投资理财来抵消通货膨胀对财产的侵蚀。但需要针对不同程度的通货膨胀来考虑选择投资理财的工具。

总之，随着社会的发展，发生通货膨胀是必然的，只要通货膨胀率不过高就行。温和的通货膨胀是刺激经济发展的润滑剂，而快速或恶性的通货膨胀，则是经济的杀手。

通胀效应——通货膨胀有弊也有利

对于通货膨胀，目前经济学界的解释并不完全一致。凯恩斯主义经济学认为，在信用货币制度下，流通中的货币数量超过经济实际需要而引起的货币贬值和物价水平全面而持续的上涨。就被视为通货膨胀。可见，通货膨胀不是指这种或那种商品及劳务的价格上涨，而是物价总水平的上升。

如2007年国内猪肉价格普遍上涨，表面上是由于猪肉利润减小，不少养猪户都不是批量饲养，所以得不到规模优势，既而不养猪而做其他收入更高的工作，猪肉供应量减少，其实质原因是价格上涨使猪肉成本上升。当猪肉价格上涨时，鸡、牛、羊肉价格也纷纷上涨。

总体来看，通货膨胀效应主要表现在以下几个方面：

1. 通货膨胀可能导致人为经济繁荣

在通货膨胀的情况下，产品价格的上涨速度一般总是快于名义工资的提高速度，因此，企业的利润就会增加。而这又会刺激企业扩大投资，从而促进经济增长。

2. 在通货膨胀中政府作为最大的债务人可以减轻一定的债务负担

通过大量发行货币，政府也可以获得追加的财政收入。如果政府将通过通货膨胀获得收入全部用于实际投资，并采取相应措施保证民间投资不因政府投资的增加而减少，那么这种通货膨胀性的政策就会因增加了投资而增加产出，促进经济增长。

3. 通货膨胀或导致自然资源越来越贵

在持续性通货膨胀中，市场价格机制已经不具备原有调节功能，所以，这时候无论投资者还是消费者都很容易做出错误决策。通胀可能会导致稀缺的自然资源用完了，原材料价格上升，环境承担不必要的负担。从整个社会角度看，这种错误决策必定会造成全社会的资源利用不合理。

4. 通货膨胀对生产经营的影响

通货膨胀会导致货币购买力下降，降低居民实际收入，进而使全社会的储蓄和资金积累下降，这必然会降低对生产经营的投资，导致经济增长率低下。同时，货币贬值会导致人们蜂拥抢购那些能够保值增值的实物资产。比如黄金、外汇、珠宝、房产等，这势必冲击正常的经济活动。

5. 通货膨胀对就业的影响

货币工资增长率与失业之间存在一种交替关系——当货币工资增长率较高时，失业率就低；当失业率较高时，货币工资增长率就低，甚至会是负数。根据成本推动通货膨胀理论，这里的货币工资增长率就可以看作是通货膨胀率。所以，通货膨胀率高，表明经济处于繁荣阶段，这时的失业率低；通货膨胀率低，表明经济处于萧条阶段，失业率也高。

6. 通货膨胀让富人更富

新增货币进入股市后，企业老总们借助资产负债表，发行廉价债券，并用这笔钱回购自己的股票。事实上，通过发行债券回购股票方式，大部分进入了企业高管股票收益薪酬中，而并未进入实体投资，而企业高管薪酬一大部分来自股票价格和每股收益，通货膨胀下富人更富了。

7. 通胀导致购买力下降，影响财富再分配

通货膨胀使得商品和服务价格上涨，同样现金购买力下降，财富再分配是不平衡的，离金融部门越近获益更多，离实体经济越近获益越少。

由于社会各阶层的收入来源多种多样，所以不论是否发生通货膨胀，总有一部分人的收入是继续上涨的。但毫无疑问，在通货膨胀条件下，原来签订固定合同的双方都无法预见通货膨胀今后会如何发展，由此必然会导致财富和收入与履行原合同相比发生偏差，从而引发财富和收入的再分配，这就是通货膨胀的收入分配效应。

8. 恶性通货膨胀会造成经济、社会危机

当通货膨胀严重到一定程度形成恶性通货膨胀时，这时候就不仅仅是对上述各方面产生正常影响了，而会给整个经济、社会带来某种危机了。最常见的是，恶性通货膨胀会引发突发性商品抢购、挤兑银行风潮；产品销售无法弥补原材料成本，使得正常生产经营难以继续下去；地区之间通货膨胀程度不一，会导致流通秩序发生紊乱等。更不用说当形势继续恶化、国民生活水平下降到一定程度时会造成政治动荡了。

可见，通货膨胀并非是一种绝对坏的金融现象，并非一无是处，它既有坏的一面，也有好的一面，关键在于通货膨胀发生的时间，以及通货膨胀率的高低。

通货紧缩——通货膨胀的孪生兄弟

所谓通货紧缩，国内外并没有统一的认识。从争论的情况来看，大体可以归纳为以下三种：第一种观点认为，通货紧缩是经济衰退的货币表现，表现为物价的普遍持续下降、货币供给量的连续下降、有效需求不足；第二种观点认为，通货紧缩是一种货币现象，表现为价格的持续下跌和货币供给量的连续下降；第三种观点认为，通货紧缩就是物价的全面持续下降。尽管对通货紧缩的定义仍有争论，但对于物价的全面持续下降这一点却是共同的。

按照不同的标准，通货紧缩可以划分为不同的类型：

1．按照发生程度不同，分为相对通货紧缩和绝对通货紧缩

（1）相对通货紧缩，是指物价水平在零值以下，在适合一国经济发展和充分就业的物价水平区间以下。在这种状态下，物价虽然还处于正增长状态，但已经低于该国正常经济发展和充分就业所需要的物价水平，通货处于相对不足的状态。这种情形已经开始损害经济的正常发展，虽然是轻微的，但如果不加重视，可能会加重对经济发展的损害。

（2）绝对通货紧缩是指物价水平在零值以下，即物价出现负增长，这种状态说明一国通货处于绝对不足状态。这种状态的出现，极易造成经济衰退。根据对经济的影响程度，又可以分为轻度通货紧缩、中度通货紧缩和重度通货紧缩。而这三者的划分主要以物价绝对下降的幅度和持续的时间长度为准。

2. 按照产生的原因不同，分为需求不足型通货紧缩和供给过剩型通货紧缩

（1）需求不足型通货紧缩，是指由于总需求不足，使得正常的供给显得相对过剩而出现的通货紧缩。由于引起总需求不足的原因可能是消费需求不足，投资需求不足，也可能是国外需求减少或者几种因素共同造成的不足，因此，依据造成需求不足的主要原因，可以把需求不足型的通货紧缩细分为消费抑制型通货紧缩、投资抑制型通货紧缩和国外需求减少型通货紧缩。

（2）供给过剩型通货紧缩，是指由于技术进步和生产效率的提高，在一定时期产品数量的绝对过剩而引起的通货紧缩。这种产品的绝对过剩只可能在经济发展的某一阶段，市场机制调节不太灵敏，产业结构调整严重滞后的情况下出现的。这种状态从某个角度来看，并不是一件坏事，因为它说明了人类的进步，是前进过程中的必然现象。但如果这种通货紧缩严重，则说明该国市场机制存在较大缺陷，同样会对经济的正常发展产生不利影响。

通货紧缩与通货膨胀一样会对经济发展造成严重危害，甚至比通货膨胀更严重。

1. 加速经济衰退

经济衰退表现为以下三方面：

（1）物价水平的持续下降，必然使企业利润减少甚至亏损，这严重打击生产者的积极性，使生产者减少生产甚至停产，结果使社会经济的增长受到抑制。

（2）物价的持续、普遍下跌使实际利率升高，这将有利于债权人而损害债务人的利益。而社会上的债务人大多是生产者和投资者，债务负担的加重无疑会影响他们的生产与投资活动，从而对经济增长带来负面影响。

（3）物价下跌使企业利润减少，生产积极性下降，使失业率上升。

2. 导致社会财富缩水

物价的下降会使实际利率上升，使得企业资产的市场价格也相应降低。这意味着企业净值的下降和财富的减少。通货紧缩的条件下，供给的相对过剩必然会使众多劳动者失业，此时劳动力市场供过于求的状况将使工人的工资降低，个人财富减少。即使工资不降低，失业人数的增多也使社会居民总体的收入减少，导致社会个体的财富缩水。

3. 分配负面效应显现

通货紧缩的分配效应可以分为两个方面，即社会财富在债务人和债权人之间的分配以及社会财富在政府与企业、居民之间的分配。

从总体而言，经济中的债务人一般为企业，而债权人一般为居民，因此，社会财富在债务人与债权人之间的分配也就是在企业和居民之间的分配。在通货紧缩的情况下，企业产品价格降低，利润减少，而实际利率升高，使作为债务人的企业的收入又进一步向债权人转移，这又加重了企业的困难。为维持生计，企业只有选择筹集更多的债务来进行周转，这样企业的债务总量势必增加，其债务负担更加沉重，由此企业在财富再分配的过程中将处于更加恶劣的位置。如此循环往复，这种财富的分配效应不断得到加强。

4. 可能引发银行危机

通货紧缩使货币越来越昂贵，这实际上加重了借款人的债务负担。由于企业经营不景气，银行贷款难以及时回收，便出现大量坏账，再加上难以找到盈利的好项目，经营出现困难，甚至面临“金融恐慌”和存款人的挤提风险，从而引起银行破产，使金融系统面临崩溃。因此，许多经济学家指出，货币升值是引起一个国家所有经济问题的共同原因。

同时，这种通货紧缩还会通过国际交往输出到国外，而世界性的通货紧缩又会反过来加剧本国的通货紧缩局面。

金融危机

虚幻的金融泡沫

金融危机对大多数人来说，既熟悉又陌生。熟悉是因为对其带来的危害深有体会，比如企业倒闭、失业、社会动荡等，可谓是“谈危机而色变”；陌生则是对金融危机究竟是如何产生的难以了解。本章内容将带你深入了解金融危机。

金融危机的产生及生命周期

金融危机又称金融风暴，是指一个国家或几个国家与地区的全部或大部分金融指标，如短期利率、货币资产、证券、房地产、土地（价格）、商业破产数和金融机构倒闭数的急剧、短暂和超周期的恶化。其可以分为货币危机、债务危机、银行危机等类型。近年来的金融危机越来越呈现出某种混合形式的危机。

经济危机征兆典型特征：一是经济持续多年高增长；二是外部资金大量流入；三是国内信贷快速增长；四是普遍的过度投资；五是股票、房地产等资产价格快速上涨；六是贸易持续逆差并不断恶化；七是货币普遍被高估。

据IMF（国际货币基金组织）统计，自1980年以来，该组织的181个成员国中有133个成员国曾发生过重大金融动荡，其中有52个国家的主要银行陷于瘫痪的边缘。进入20世纪90年代以后，金融动荡和危机的频率更加频繁，这其中较为有影响力的有：1991年英国货币危机，1992年欧洲汇率机制危机，1994年墨西哥金融危机和全球债券市场危机，1995年美元狂跌，英国巴林银行破产，1996年捷克、保加利亚和俄罗斯的银行倒闭，1997年亚洲金融危机等。

人们发现在频繁发生的经济危机的背后，还是有其共同性的原因：那就是金融动荡和危机与经济全球化过程特别是金融自由化过程密切相关。

主要表现为：

1. 随着国际金融市场规模不断扩大，金融风险也随之增加

20世纪90年代以后，随着各国金融市场自由化程度的加深，国际金融市场的规模不断扩大，金融风险必然增加。金融活动的全球化是当代资源在世界新配置和经济落后国家与地区跃进式发展的重要原因，但国际信贷、投资大爆炸式地发展，使固有矛盾深化，而金融危机必然会在那些制度不健全的、最薄弱的环节爆发。当然，金融危机发生的原因还与一个国家的政治、经济环境以及财政政策和国际收支状况有着密切关系。

2. 金融运行与实体经济脱节的现象愈演愈烈

美国经济学家乔纳森·特南鲍姆在《世界金融与经济秩序的全面大危机》中对此现象有过形象的描述，他将泡沫经济形容为“倒金字塔式”的经济体系，这种体系是将庞大的金融体系建立在越来越缩小的实体经济基础之上，因此这种经济体系是不可能持久的。现代市场经济不仅存在着商品生产过剩、需求不足的危机，而且存在着金融信贷行为失控、新金融工具使用过度与资本市场投机过度而引发的金融危机。在资本主义世界，这种市场运行机制的危机又受到基本制度的催化和使之激化。

3. 金融衍生工具的无序发展给国际金融市场的健康与安全带来隐患

20世纪90年代以后，随着国际金融市场的日趋活跃，金融资本也呈现出高速增长的态势，金融衍生工具也不断创新。有数据统计，自80年代以来，经合组织成员国全球金融资本的增长速度惊人，有些国家的增速甚至比这些国家的国内生产总值的增长速度高2.5倍。这无疑给某些“国际炒家”与本地投机者以投机机会，造成汇市和股市的剧烈波动，以达到收割财富的目的。

一般来讲金融危机的形成具有一定的生命周期主要有以下三个阶段。

1. 形成期

金融危机滋生的温床包括：资金的泛滥、新概念的产生和推广、商业在经过繁荣期后进入停滞期等。

根据普林斯顿经济学家何塞·A.辛克曼和熊伟的研究，金融危机的产生正是大量投资者对于重大经济问题的意见不一致所致。由于市场上有很多群体投资者，当一批投资者认为价格过高时，总有另外一批投资者进入市场推高价格，或者是原来看空的投资者转变观点。在不同群体的投资者的推动下，价格会越来越高，金融危机的诱因随即形成。

2. 膨胀期

价格的上涨造成了投资者的过度自信，而先前理性的投资者终于顶不住错过时机的压力入场，原本不具备购买该项资产（如房产）能力的人借贷买入，使得泡沫进一步膨胀，从而形成“正反馈”。泡沫在膨胀期时，交易量明显放大。

3. 崩溃期

在泡沫到达顶点后，几乎所有的看空者终于达成了价格过高的共识，因此一同抛售。崩溃的速度会比形成和膨胀的速度要快，一般来说，泡沫上涨期（形成、膨胀）和下跌期（崩溃）的用时比例为5：30。在泡沫的膨胀期，其实一直都有人看空，但是空方的行动总是不一致。因此总是被多方“围剿”。直到有一天，市场上看空的人终于同时达成了一致，因此价格的上涨停止了。而此时，由于很多投资者承担了过大的风险（比如借债买房或炒股），价格的下跌导致他们（以及他们的债务人）的财务状况急剧恶化。而随着泡沫的破灭，价格的下滑比上升时还要快。这就是著名的“明斯基时刻”（以已故经济学家命名）。

金融危机大事件解读

回顾历史，1637年郁金香狂热、1720年南海泡沫、1837年经济大恐慌、1907年银行危机、1929—1933年股市大崩溃、1987年黑色星期一、1994年墨西哥金融危机、1997年亚洲金融危机，很多人可能会很诧异，金融危机为何总是间隔性地光顾，为什么我们总是逃脱不了金融危机呢？很多经济学家经过研究发现其中一个不可忽略的原因就是经济周期。

那么，什么是经济周期呢？经济周期是指商业周期、景气循环，它是指经济活动沿着经济发展的总体趋势所经历的有规律的扩张和收缩交替更迭、循环往复的一种现象，是国民收入或总体经济活动扩张与紧缩的交替或周期性波动变化。

经济波动以经济中的许多成分普遍而同期地扩张和收缩为特征，持续时间通常为2～10年。过去经济周期可分为繁荣、衰退、萧条和复苏四个阶段。现代宏观经济学中，经济周期发生在实际GDP相对于潜在GDP上升（扩张）或下降（收缩或衰退）的时候。每一个经济周期都可以粗略地分为上升和下降两个阶段。上升阶段也称繁荣，最高点称为顶峰。经济到达顶峰时，也是经济由盛转衰的转折点，此后经济就进入下降阶段，即衰退。衰退严重则经济进入萧条，衰退的最低点称为谷底。当然，谷底也是经济由衰转盛的一个转折点，此后经济又进入下一个上升阶段。一次完整的经济周期就是经济从一个顶峰到另一个顶峰，或者从一个谷底到另一个谷底。

由此我们可以看到，繁荣的背后必是衰退，而衰退必然伴随着金融危机。下面我们就来着重看一下最近十年发生在我们身边的最有影响力的金融危机大事件。

事件一：2007—2008年美国次贷危机

美国次贷危机的全称为次级房贷危机，是指发生在美国，因为次级抵押贷款机构破产而导致的投资基金被迫关闭，股市震荡反常的危机。次贷即“次级按揭贷款”，“次”与“高”“优”相对应，形容较差的一方，而在“次贷危机”一词中指的是信用低，还债能力低。次贷危机造成了全球金融市场流动性不足，美国、欧盟、日本等主要金融市场都深受其影响。

美国次贷危机经历了以下几个发展阶段：

2007年2月，美国次贷市场危机初见端倪。由于借款方违约增多，美次贷放款机构出现亏损，第二大次贷机构新世纪金融公司的股票被停牌。4月初，新世纪金融公司申请破产保护。

6月，一些西方对冲基金破产。瑞士银行下属Dillon Read资本管理基金因投资美国次贷市场出现严重亏损而宣告破产。

6月，美国知名的贝尔斯登资产管理公司因旗下两只对冲基金投资债务抵押债券亏损严重而陷入困境。

7月，次贷问题导致私人股本运转失灵。7月25日，用于联合博姿和克莱斯勒并购交易的融资严重受阻。很快，次贷危机扩散至股市，引发股市和债市剧烈波动。欧美主要股指日跌幅超过2%的现象不断发生。

8月，次贷危机造成了全球性信贷紧缩，各国央行被迫入市干预。

从8月9日到8月31日，主要国家央行共注资5446亿美元，其中欧洲央行注资3434亿美元，美联储注资1472亿美元，日本央行注资400亿美元。

9月12日，欧洲央行再次向市场投放约1000亿美元的2个月期资金。

9月13日，英国北岩银行因受抵押贷款问题影响资金周转不灵，向英格兰银行求救，14日北岩银行发生挤兑事件。英格兰银行给现金匮乏的银行提供了200亿美元的3个月期贷款，并允许以抵押贷款作为担保。

纵观美国次贷危机的发展，其成因如下：

1. 低利率造就楼市繁荣

2000年，美国经济不景气，为拉动经济增长，政府采取了扩张性的财政政策，其中就包括降低利率和减税两大措施，由于国家降低利率这间接是鼓励购房，从而为房地产市场持续上扬，与之相应的房地产抵押贷款业务也随之蓬勃发展。

在美国，贷款是非常普遍的现象，很少有人全款买房，尤其是收入并不稳定甚至根本没有收入的人。他们买房时因为信用等级达不到标准，就被定义为次级信用贷款者，简称次级贷款者。由于之前的房价很高，银行认为既然贷款给了次级信用贷款，如果贷款人无法偿还贷款，则可以将他们抵押的房屋拍卖以此收回贷款。正是这种盲目追求利润的行为，种下了危机的种子。可是，随着房价突然走低，贷款人无力偿还时，银行把抵押的房屋出售后，却发现得到的资金不能弥补当时的贷款和利息，甚至都无法弥补贷款额本身，这样银行就会在这个贷款上出现亏损。一个两个贷款人出现这样的问题还好，但由于分期付款的利息上升，加上这些贷款者本身就是次级信用贷款者，这样就出现了大量的无法还贷的贷款者。正如上面所说，银行收回房屋，却卖不到高价，大面积亏损，成为次贷危机的导火索。

2. 利率上升和住房市场持续降温

在房地产市场火爆发展的同时，次级贷款的房贷机构将次级贷款债权转化为证券，再卖给全世界的投资者，把风险转移到市场。更有甚者，伴随次贷产品遍地开花，并多次衍生，结果产品过剩，风险开始无限放大。而次级贷款机构为了不让银行看出此中的高风险，通过不正当手段行贿信用评定机构，从而拿到高等级的信用评级，使银行失去了对风险的敏感性。最终，使得次贷危机不断膨胀蔓延。

次贷危机已经并将继续对全球金融和世界经济产生不可低估的影响：

1. 次贷危机对全球金融市场造成剧烈震荡

大量房贷机构特别是与美国次贷市场相关的基金陷入困境或破产。据不完全统计，从2006年11月至2007年8月中旬，全美80多家次货机构停业，其中11家破产，损失高达1000亿美元。英国、德国、法国、瑞士、荷兰、日本、澳大利亚等国家的50多家银行、对冲基金等受到波及。

西方主要金融机构亏损严重，债务大幅上升。受次贷危机影响，全球银行业损失高达3000～4000亿美元。美国花旗银行、美国银行、JP摩根大通银行及高盛公司等大型银行出现了近年来罕见的亏损状况。危机还导致美林银行、花旗银行、美国银行等美欧金融机构的董事长或总裁辞职。

国际金融市场的各领域都出现剧烈动荡，股市、债市、汇市及商品市场无一幸免，并造成了西方信贷市场一定程度的紧缩。2007年10月以来，全球股市出现暴跌，全球股票市值大约损失7.7万亿美元。

2. 次贷危机使美国房地产衰退雪上加霜

在次贷危机发生之前，美国房地产业已陷入衰退。到2007年第4季度，住宅建筑投资已出现8个季度负增长。有人曾预言美国房地产衰退将于2007年底开始复苏，但世界银行等权威机构认为，次贷问题将使美国房地产衰退持续到2008年中期，主要原因是次贷市场的还债高峰期将出现在2008年3月前后。美国财政部部长保尔森也指出，解决次贷问题需要较长时间，许多方面将需要一两年时间才能恢复正常。在次贷危机之后一年，房贷利率的重订将使约100万家庭面临因拖欠债务而被银行取消抵押品赎回权的风险。

3. 次贷危机将使美国经济发展进一步放缓

2007年美国GDP增长率从2006年的2.9%降到2.2%，其中住宅投资萎缩使GDP下降近1个百分点。

4.次贷危机对中国的影响也不容忽视

首先，次贷危机对我国出口造成影响，使我国经济增长在一定程度上放缓，使整个社会的就业压力增加；其次，次贷危机加大了我国的汇率风险和资本市场风险。总之，次贷危机是美国20世纪30年代“大萧条”之后，最为严重的一次金融危机。作为个人投资者，我们要明白危机带给我们的影响。

事件二：2008年金融海啸

2008年，美国次级贷款金融危机爆发，并迅速蔓延至全球各个经济体和全球经济的各个领域，其影响深度和影响范围被认为是自1929年经济危机以来最严重的，这次危机迫使全球的金融市场进入了寒冬时期。

由次级贷引发的金融海啸已经走过了六波：

第一波，2007年8月到9月，美国多家与次级抵押贷款、次级债相关的金融机构破产；

第二波，2007年末至2008年初，美国花旗银行、美林银行、瑞士银行等主要金融机构因次级贷款而出现巨额亏损；

第三波，2008年3月，美国第五大投资银行贝尔斯登濒临破产；

第四波，2008年7月，美国两家最大住房贷款机构房地美和房利美陷入困境，美国政府被迫于2008年9月7日接管这两家公司；

第五波，2008年9月，美国第四大投资银行雷曼兄弟控股公司破产、美国第三大投资银行美林银行被迫出售给美国银行、全球最大的保险公司美国国际集团被政府接管、美国政府推出7000亿美元紧急经济稳定法案；

第六波，2009年2月，各国陆续公布金融海啸以来的庞大亏损，并推出史无前例的大规模救市计划及时股市大幅度调整，贸易保护主义开始扩散到金融领域。

美国前总统小布什对金融创新扩张的弊端曾提出了浅显而又富有深意的评论：“华尔街喝醉了，不知还要多久才会清醒过来，不再推出一些莫名其妙的金融投资工具。”小布什之说，几乎道破那些貌似经过“科学设计”的金融创新及其金融衍生品，原本就是一件件“皇帝新衣”。通俗地说，“金融创新扩张”具有“传销模式”的特征。所谓“传销模式”，就是设计一个宣称能够获得高收益的投资，吸引大量投资者购入，再用后期投资者的资金支付前期投资者的高收益，循环往复，直至后续资金难以为继或投资者信心不再之时，整个系统即迅速崩溃。

而与之相关的经济部门也随着多米诺骨牌效应而倒塌。石油期货、房地产等炒作，本质上与实体经济无关，但又影响到了实体经济的价格、需求、利润、资金等各种经济信号，导致整个经济系统紊乱。还由于金融资产高收益的诱导，引致实体经济的资金流向金融投资部门，形成资金结构关系的倾斜和扭曲，极大的影响实体经济的发展和整个经济体系的稳定。金融创新及其金融衍生品的“传销模式”特性，可从以下方面来认识：

（1）金融衍生品没有物质的根基，随时存在崩塌的危险。无须任何高深的理论知识就可知道，金融衍生品自身不可能创造利润，它的利润来源就是它作为标的物的实体经济（企业股票红利、债券利息、房地产的升值、期货商品价格增长等），所以整体上来看它根本不可能形成比银行利率高得多的收益。唯有可能的收益支付，就是来自后续的资金。这与传销过程中“上家的收入来自下家的投入”没有什么区别。所以，它的崩溃也与传销的崩溃一样，在资金难以为继之时轰然倒塌，所有还没来得及脱逃的“下家”都血本无归。整个金融衍生品的系统就是建立在这样一个没有稳固基础上的摩天大楼之上，随时都有崩塌的风险。

此次金融危机的背景，是伴随着金融投资活动的全球化而进行的，先行国家“创造”金融衍生品谋取后行国家利益的意图在相当程度上得到了实现。这就如同传销过程中的少数上家获得巨大利益，而众多的下家则被套牢的状况，呈现出国家层面的“传销”图利模式。

（2）金融衍生品以“传销模式”贯彻始终。在现代经济中，信用经济规模加速扩张，信用结构日益复杂，在信用货币的基础上不断衍生出新的金融产品，可这些金融衍生品与实体经济的距离却越来越远，甚至毫不相关。通俗地来看，金融衍生品与传销中的传销品毫无二致，没有任何实质的内容，只是传销计件的标的，最终都无法避免因资金难以为继而顷刻崩溃的结果。

（3）金融体系面对各种衍生品必然破局的风险，不断创造出新的金融衍生品，就是当一种投资工具快要崩溃时，换成另一种投资工具继续炒作。此次金融危机的背景，也淋漓尽致地体现了这一特性。20世纪90年代，各国经济的金融创新围绕“IT”概念而发展，直到2001年，这一形式的金融创新扩张模式难以为继，且有崩溃之虞，这时，金融创新与经济发展模式开始转向低息和高杠杆刺激房地产业，次级贷款等应运而生，而其在高速发展和高度繁荣之后也难逃崩溃的命运，结果引发了这场前所未有的全球性金融危机。正如世界银行首席经济学家林毅夫所说，为了解决一个问题却创造了一个更大的问题。

（4）金融创新及其金融衍生品异化发展，在相当程度上颠覆了经济学理论的一些基本认识。如，金融衍生品的高收益问题，从整体上来看，金融衍生品的收益绝不高于银行利率或企业平均利润收益的可能。又如，金融衍生品高风险、高收益问题，高风险未必带来高收益，风险高到一定程度后就成为大概率事件，风险发生的概率极大之时，何谈收益？再如，金融衍生品提高资本流动效率，进而提高资本的收益问题，在实体经济所需的资金充足的前提下，其效率和收益便无法持续提高。再者，资产价格由市场决定问题，支撑金融衍生品的是资产评价的高价格，但这一价格并非市场均衡的结果，实际上只是操作者对赌局的选择。

总之，各种金融衍生品，实质上是一些设计得比一般商品传销更为奇巧的“传销”。针对这样一种“金融创新扩张”发展模式，必须时刻保持警觉。凡是不符逻辑常理的超速增长，极有可能就是这一传销式发展模式的不同版本。如石油价格从40美元上涨至140美元，从供需角度根本无法解释，由此可以判断石油已经被作为金融衍生品标的物被炒作。又如，股票远离上市公司利润水平高速增长，也必然是“传销模式”的结果。

事件三：冰岛破产

受金融海啸影响最大的是美国，但第一个发生破产的国家是冰岛。人口只有32万，人均GDP却是世界第四，冰岛这个北欧岛国，2007年被联合国评为“最适宜居住的国家”。然而一夜之间，这个天堂里的国家便坠入了地狱，现在的冰岛人民不得不面对9倍于GDP的银行负债重担。

冰岛是个高福利、高待遇、高税收的国家，冰岛人素以行事谨慎小心著称，冒险并不是他们的天性。冰岛人被认为是北欧最勤奋的工人，他们平均每周工作47小时，而其他北欧国家的居民只工作38小时。

冰岛的贫富差距也非常小，衡量贫富差距的基尼系数几乎是全球最低的。冰岛的失业率一直维持在1%以下，这个数字意味着冰岛人只要想工作，就一定有活儿干。

冰岛的自然资源很贫乏，所以他们便大力发展金融业，以高利率与低管制的开放式金融环境吸引海外资金。

而冰岛的银行也效法其他国际投资银行，在国际资金市场大量借入低利短债，投资高获利长期资产，次级按揭资产便是其中一种。之前几年的全球经济好景，导致冰岛的银行过分借贷，财务杠杆（指经济实体在制定资本结构决策时对债务筹资的利用。因而财务杠杆又可称为融资杠杆、资本杠杆或者负债经营。这种定义强调财务杠杆是对负债的一种利用）因此达到了惊人的幅度，总外债规模竟是国内生产总值的12倍，外债总额高达1000亿欧元，相反冰岛央行的流动资产却只有40亿欧元。银行业已经达到了一个“富可敌国”的地步，所以一旦出现问题，政府根本无法挽救，只好马上宣布面临破产。

冰岛会面临如此窘境，究其原因主要有以下三个：

一是美国发端的“次贷危机”。现在很多人一提“次贷”便认为那是美国的问题，事实上，冰岛的“次贷”危机更为严重。阿特拉松在雷克雅未克市郊有栋别墅便是贷款买回，当时贷款额大约合500万人民币，后来银行劝说他将贷款与外汇挂钩，结果现在导致阿特拉松的房贷已经高达合900多万人民币之多，月供上涨了将近2倍，以致他们目前不得不考虑放弃还贷。而类似的问题还发生在众多冰岛人身上。有资料显示，冰岛家庭平均承担的债务达到可支配收入的213%，比美国140%的比例高得多。

二是过度扩张的银行业。冰岛以渔业起家，但出海打鱼毕竟是个苦差事，所以大约十年前，冰岛确立了“快速发展金融业”的方针，现在，金融产业在国民经济中的比重高居首位，包括冰岛股市的主力也是银行系统。

三是冰岛银行的投资几乎遍布全世界，金融行业曾在2005年给冰岛带来过7%的增长率，这个其他发达国家想都不敢想的辉煌成就，却使冰岛在今天深陷破产危机。

随后，巴基斯坦、韩国、英国也都出现了严重的问题，被称为又一个冰岛，俄罗斯的日子也不太好过。总体来看，外资依赖度越高的国家和地区受这次金融海啸的影响越大，有的国家经济甚至倒退了几十年。

金融资本投资

让财富滚雪球

金融投资是以货币资金转化为金融资产，表现为资本使用权的转让。它是在经济发展过程中，在实物投资基础上形成的。那么，金融投资有哪些产品，又是如何获得财富的呢？本章内容值得我们认真学习。

储蓄——投资的第一步

储蓄是中国人最传统的财富积累方式，据统计，我国居民储蓄率一直高于50%。而且在传统观念中，储蓄是最大众化的投资理财方式，也是人们抵御意外风险的最基本的保障。另一方面，储蓄也是投资的前提。然而，在生活中很多人却忽视了合理储蓄在投资中的重要性，错误地认为只要做好投资，储蓄与否并不重要，其实这是不对的。试想，你连第一桶金都没有，如何投资？因此，要想成功投资，首先得学会合理储蓄。

我们可以将每个月收入的10%拨到另一个账户上，把这笔钱当作自己的投资资金，然后利用这10%达到致富的目标，利用剩余的90%来支付其他的费用。也许，你会认为自己每月收入的10%是一个很小的数目，可当你持之以恒地坚持一段时间之后，你将会有意想不到的收获。也正是这些很小的数目成为很多成功人士的投资之源泉。

小王今年26岁，大学毕业后就参加了工作，单位稳定，身体健康，月均收入5000元，算上其他奖金和年终奖，年收入近8万元。这些钱在一个小城镇里也算是一笔不小的数目了，但小王却毫无理财概念，花钱大手大脚，是个典型的“月光族”。

一次同学聚会上他深受刺激，看着平时和自己收入差不多的同学们都在大谈房产、理财、投资等话题，他似乎从来都没有考虑过。而且，让他惊讶的是，好几个同学完全靠自己买房买车了。这下，小王真动了理财的念头，聚会一散，就去找理财专家咨询。

理财专家热情地接待了他，针对他的情况，理财专家给出了建议：

针对目前小王手上无财可理的现状，理财专家建议他可强制储蓄。即用“滚雪球”的方法，每月将余钱存一年定期存款，一年下来，手中正好有12张存单。这样，不管哪个月急用钱，都可取出当月到期的存款。如果不需用钱，可将到期的存款连同利息和当月的余钱再存一年定期。这种“滚雪球”的存钱方法保证储蓄收益的最大化。

此外，专家提醒小王，银行储蓄有自动转存服务，填存单时记得要钩上这一项。这样做，即使存款到期后没有马上去银行转存，逾期部分不会按活期计息，可避免损失。

相信小王在理财专家的建议下，很快就可以积累自己人生的第一桶金，理财投资也不再是遥远的梦。其实，养成储蓄的习惯不仅仅能够给自己积累一定的财富，更重要的是养成节约、有计划开支的意识。

大银行家摩根曾经说过：“我宁愿贷款100万给一个品质良好，且已经养成存钱习惯的人，也不愿贷款1美元给一个品德差而花钱大手大脚的人。”的确，存钱能够提高一个人应付危机的能力，也能在机会突然到来时增加成功的机会。可见，储蓄对我们的人生如此重要，下面我们就来谈谈储蓄的那些事儿。

储蓄，是指城乡居民将暂时不用或结余的货币收入存入银行或其他金融机构的一种存款活动，又称储蓄存款。储蓄具有明显的保值性和收益性，储蓄利率的高低，直接影响着储蓄的收益水平。目前银行的储蓄种类一般分为活期储蓄和定期储蓄两类。储蓄方法不同，收益也不一样。

活期储蓄，指不约定存期、客户可随时存取、存取金额不限的一种储蓄方式。活期储蓄是银行开办的比较早的储种之一，源于个人生活待用款和闲置现金款，以及商业运营周转资金的存储。活期储蓄是银行最基本、最常用的存款方式，客户可随时存取款，自由、灵活调动资金，是客户进行各项理财活动的基础。

活期储蓄以1元为起存点，外币活期储蓄起存金额为不得低于20元或100人民币的等值外币（各银行不尽相同），多存不限。

活期储蓄按存取方式不同，可分为以下几类：

（1）活期存折储蓄存款。1元起存，由储蓄机构发给存折，凭存折存取，开户后可以随时存取的一种储蓄方式。生活中，银行开办、代发工资的业务后，一般将职工工资转入活期存折储蓄。

（2）活期支票储蓄存款。是以个人信用为保证，通过活期支票可以在储蓄机构开到的支票账户中支取款项的一种活期储蓄，一般5000元起存，也是一种传统的活期储蓄方式。

（3）定活两便储蓄存款。由储蓄机构发给存单（折），一般50元起存，存单（折）分记名、不记名两种，存折须记名，记名式可挂失，不记名式不挂失。计息方法统一按《储蓄管理条例》规定执行。

老王退休多年，身体一直不好，手上有6万元左右的现金。看了电视上的理财节目，老王自己也捉摸不应该就那么简单把钱放在活期存款里了。他把6万元分成1万元活期、2万元3个月定期和3万元6个月定期，既可以随时取用，又能尽最大限度享受利息收益。

活期、3个月和6个月定存的利率分别是0.36%、1.71%、1.98%，收益=10000×0.36%/2+20000×1.71%/12×3+（20000+20000×1.71%/12×3）×1.71%/12×3+30000×1.98%/2=486元。

一般来说，每月拿到工资以后，拿出用于日常生活开销钱、零花钱、近期需购买的物品的钱，剩余的钱就可存入活期储蓄账户中。

定期储蓄，是在存款时约定存储时间，一次或按期分次（在约定存期）存入本金，整笔或分期平均支取本金利息的一种储蓄。它的积蓄性较高，是一项比较稳定的信贷资金来源。定期储蓄50元起存，多存不限。存期分为3个月、半年、1年、2年、3年、5年。

定期储蓄的开户起点、存期长短、存取时间和次数、利率高低等均因储蓄种类不同而有所区别。定期储蓄主要有以下几种：

（1）整存整取定期存款，是指储户事先约定存期，整笔存入，到期一次支取本息的一种储蓄。50元起存，多存不限。存期分3个月、6个月、1年、2年、3年和5年。存款开户的手续与活期相同，只是银行给储户的取款凭证是存单。

另外，储户提前支取时必须提供身份证件，代他人支取的不仅要提供存款人的身份证件，还要提供代取人的身份证件。该储种只能进行一次部分提前支取。计息按存入时的约定利率计算，利随本清。

（2）零存整取定期存款，是一种每月按约定数量的款项存储，按约定时间一次提取本息的定期储蓄。零存整取定期储蓄适应工资收入较低，每月节余有限或者有计划每月存进一些钱，到期进行购买高档消费品的家庭。零存整取的存期分为1年、3年、5年，每月固定存入一定数量，5元起存、多存不限。

零存整取定期储蓄每月固定存额，一般5元起存，存期分1年、3年、5年，存款金额由储户自定，每月存入一次，到期支取本息，其利息计算方法与整存整取定期储蓄存款计息方法一致。中途如有漏存，应在次月补齐，未补存者，到期支取时按实存金额和实际存期，以支取日人民银行公告的活期利率计算利息。

（3）存本取息定期存款，是指存款本金一次存入，约定存期及取息期，存款到期一次性支取本金，分期支取利息的业务。5000元起存，存本取息定期存款存期分为1年、3年、5年。存本取息定期存款取息日由客户开户时约定，可以一个月或几个月取息一次，取息日未到不得提前支取利息，取息日未取息，以后可随时取息，但不计复息。

乔安山和老伴是一对普通退休职工，和国内大部分家庭一样，为帮助儿子结婚买房花掉了他们大部分积蓄。为了筹划自己日后的养老问题，他开始对手上的8万元精打细算起来。

因为老伴身体不太好，资金使用必须要灵活，为了解决这一难题，他求助于理财专家，专家向他推荐了“存本存息”，这是一种使定期“存本取息”效果达到最好，且与“零存整取”储蓄结合使用，从而产生“利滚利”效果的储蓄方法。

乔安山听从专家的建议，将8万元存入7天通知存款的存折A中，每个月他都会取出利息，并将利息存入零存整取的存折B中，以后每个月都做一次存取，这样一来，不仅本金部分得到了利息，产生的利息还能继续获得收益，而且现金支取灵活，不受限制。

这样，以本金为 8 万元，7 天通知存款利率为 1.35% 计算，一个月之后，可获得收益为 80000×1.35%/360×7×4=84 元。零存整取一年期 1.71% 的利率，每月取出来的 84 元利息，在一年后将会获得本息为 84×12×1.0171=1025.24 元。

而如果将 8 万元全部放在活期账户，存款利率为 0.36%，则每年的利息为 80000×0.36%=288 元，这两种储蓄方法之间的利息差异，竟然达到了 1025.24−288=737.24 元！

在一定时期内用于特定消费的钱，比如购买家电、汽车以及筹办婚事或者确定期限能派上用场的个人经营周转资金等，这些要存入定期账户中。在上面案例中，即可满足退休老人随时支取现金的便利，又可实现储蓄收益的最大化，可谓一举两得。

（4）通知存款，是一种不约定存期，支取时需提前通知银行，约定支取日期和金额方能支取的存款。人民币通知存款最低起存金额5万元，单位最低起存金额50万元，个人最低支取金额5万元，单位最低支取金额10万元，外币最低起存金额为1000美元等值外币。

通知存款不论实际存期多长，按存款人提前通知的期限长短划分为1天通知存款和7天通知存款两个品种。1天通知存款必须提前1天通知约定支取存款，7天通知存款则必须提前7天通知约定支取存款。

张昊准备了13万元购车资金准备去专卖店提车，但让张昊始料不及的是，销售员说他看中的那款车型目前全市缺货，需在交付保证金以后，才能在一个月左右的时间内提车。

在这种情况之下，张昊也不能让自己十几万元的资金就这样放在活期账户里，因此，他想办一个月的定存，但又担心车子提前到货，丢了定存的意义，银行工作人员建议他办理满5万元就自动设置为7天通知的存款。这种存款无须提前7天通知银行，银行的系统会自动记录余额，如果办理了“智能通知存款”，连续7天以上余额都超过了5万元（含5万元），还能全额按照7天通知存款的利率计息，若不足7天则按1天通知存款的利率计息。

假设张昊 35 天后取车付款，存活期的利息为 $130000 \times 0.36\%/365 \times 35=44.9$ 元，7 天通知存款利息收入为 $33.66 \times 35/7=168.3$ 元，这样算来，这种存款的收益率是前者的 4 倍。

在这个案例中，张昊对时间的把握非常值得我们学习。

（5）教育储蓄，是指个人按国家有关规定在指定银行开户、存入规定数额资金、用于教育目的的专项储蓄，是一种专门为学生支付非义务教育所需教育金的专项储蓄。

教育储蓄采用实名制，开户时，储户要持本人（学生）户口簿或身份证，到银行以储户本人（学生）的姓名开立存款账户。到期支取时，储户需凭存折及有关证明一次支取本息。最低起存金额为50元，本金合计最高限额为2万元。存期分为1年、3年、6年。教育储蓄是一种特殊的零存整取定期储蓄存款，不仅能享受优惠利率，还可获取额度内利息免税。

以上列举的存储方式，有的适合长期储蓄，有的适合短期计划。不同的存储方式，适合的人群也不尽相同。如果你想通过储蓄来积累财富，那么在此之前你就要选择适合自己的存储类型，在存储之前不妨先对这些储蓄类型及其他相关知识进行一番详细的了解。实际上，如何通过储蓄最大获利，这其中还真有不少窍门。

1. 少存活期

同样存钱，存期越长，利率越高，所得的利息就越多。如果手中活期存款一直较多，不妨采用零存整取的方式，其一年期的年利率大大高于活期利率。

2. 到期支取

储蓄条例规定，定期存款提前支取，只按活期利率计息，逾期部分也只按活期计息。有些特殊储蓄种类（如凭证式国库券），逾期则不计付利息。这就是说，存了定期，期限一到，就要取出或办理转存手续。如果存单即将到期，又马上需要用钱，可以用未到期的定期存单去银行办理抵押贷款，以解燃眉之急。待存单一到期，即可还清贷款。

3. 滚动存取

可以将自己的储蓄资金分成12等分，每月都存成一个一年期定期，或者将每月的余钱不管数量多少都存成一年定期。这样一年下来就会形成这样一种情况：每月都有一笔定期存款到期，可供支取使用。如果不需要，又可将其本金以及当月余款一起再这样存。如此，既可以满足家里开支的需要，又可以享有定期储蓄的高息。

4. 存本存利

即将存本取息与零存整取相结合，通过利滚利达到增值的最大化。具体点说，就是先将本金存一个5年期存本取息，然后再开一个5年期零存整取户头，将每月得到的利息存入。

5. 细择外币

由于外币的存款利率和该货币本国的利率有一定关系，所以有些时候某些外币的存款利率也会高于人民币。储蓄时应随时关注市场行情，适时购买。

债券——债主与债务人的“博弈”

债券，又称为固定利息证券，承诺按一定利率定期支付利息和到期偿还本金，债券作为一种风险小、流动性好的投资品种，特别适合长期投资者进行投资。

与股票投资相比，债券投资具有风险低、收益稳定、利息免税、回购方便等特点，因此，使债券投资工具受到机构和个人投资者的喜爱。现在，随着社会经济的发展，债券融资方式日益丰富，范围不断扩展。为满足不同的融资需要，并更好地吸引投资者，债券发行者在债券的形式上不断创新，新的债券品种层出不穷。如今，债券已经发展成为一个庞大的“家族”。

要投资债券，首先必须深入了解债券的构成要素、特征和种类，然后才能根据自己投资的金额和目的正确地选择债券。

债券尽管种类多种多样，但是在内容上包含一些基本的要素，具体包括：

（1）价格要素，债券价格包括债券的发行价格和转让价格。

发行价格。债券第一次发行时，存在平价发行、溢价发行和折价发行三种。只要是市场上第一次发售的价格，就是这种债券的发行价格。

转让价格。投资者经手的这个再一次卖出去的价格，可以看作该债券的一个转让价格。如果多次转让，则该债券将有很多个转让价格。

（2）待偿期。是指债券上载明的偿还债券本金的期限，即债券发行日至到期日之间的时间间隔。一般可以分为三类：偿还期限在 1 年以内的是短期债券；偿还期限在 1 年以内 10 年以下的是中期债券；偿还期限在

10 年以上的是长期债券。

债券期限的长短主要取决于债务人对资金的需求、利率变化趋势、证券交易市场的发达程度等因素。一般来说，债券的待偿期越短，其价格就越接近其兑换价格，待偿期越长，其价格就越低。

（3）付息期。是指发行债券后的利息支付的时间。它可以是到期一次支付，或 1 年、半年或者 3 个月支付一次。在考虑货币时间价值和通货膨胀因素的情况下，付息期对债券投资者的实际收益有很大影响。到期一次付息的债券，其利息通常是按单利计算的，而年内分期付息的债券，其利息是按复利计算的。

（4）利息率和收益率。利息率就是利息占债券面值的百分比。收益率则是投资者投资债券可以获得的收益与其投入的本金的比值。

（5）偿还方式。当债券到期时，债券的发行人就需向投资者支付本息，即为债券的偿还。

债券价格的计算公式为：

$$P=\frac{M(1+rN)}{1+Rn}$$

其中，M 是债券的面值，r 是债券的票面利率，N 是债券的期限，n 是待偿期，R 是买方的获利预期收益。（其中 M 和 N 是常数。）

$$\text{债券收益率}=\frac{\text{到期本息和}-\text{发行价格}}{\text{发行价格}\times\text{偿还期限}}\times 100\%$$

债券作为一种债权债务凭证，是一种虚拟资本，而非真实资本，它是经济运行中实际运用的真实资本的证书。从投资者的角度看，作为一种重要的融资手段和金融工具，债券具有以下四个特征：

（1）偿还性。债券除了无期公债或永久性公债以外，均对债券的偿还期限有严格的规定，且债务人必须如期向持有人支付利息。

（2）流动性。债券一般都可以在证券市场上自由流通和转让。目前几乎所有的证券营业部门或银行部门都开设债券买卖业务，且收取的各种费用都相应较低，方便债券交易，同时也增强了其流动性。

（3）安全性。是指债券在市场上能抵御价格下降的性能，一般是指其不跌破发行价的能力。债券在发行时都承诺到期偿还本息，所以其安全性一般都较高。

（4）收益性。债券的收益性主要体现在两个方面：一是投资债券可以给投资者定期或不定期地带来利息收入；二是投资者可以利用债券价格的变动，买卖债券赚取差额，但主要体现为利息。

因债券的风险比银行存款要大，所以债券的利率也比银行高。如果债券到期能按时偿付，购买债券就可以获得固定的、一般高于同期银行存款利率的利息收入。

债券的偿还性、流动性、安全性与收益性之间存在着一定的矛盾。一般来讲，一种债券难以同时满足上述的四个特征。如果债券的流动性强，安全性就强，人们便会争相购买，于是该种债券的价格就上升，收益率下降；反之，如果某种债券的流动性差，安全性低，那么购买的人就少，债券的价格就低，其收益率就高。对于投资者来说，可以根据自己的财务状况和投资目的来对债券进行合理选择与组合。

要想投资债券，就必须要对债券的种类有所了解。按照不同标准，债券可以分为以下几种类型：

（1）按债券发行主体不同，可分为政府债券、金融债券和公司（企业）债券等。

政府债券，是由财政部代表中央政府发行的债券，以国家信用作为偿还的保证，主要包括国债、地方政府债券等。其中最主要的是国债，因其信誉好、利率优、风险小而被称为“金边债券”。

金融债券，是由银行和非银行金融机构发行的债券，金融债券现在大多是政策性银行发行与承销，如国家开发银行、进出口银行等政策性银行。金融机构一般有雄厚的资金实力，信用度较高，因此金融债券往往有良好的信誉。

公司（企业）债券。在国外，没有企业债和公司债的划分，统称为公司债。在我国，企业债券发债主体为中央政府部门所属机构、国有独资企业或国有控股企业，因此，它在很大程度上体现了政府信用。公司债券在证券登记结算公司统一登记托管，可申请在证券交易所上市交易，其信用风险一般高于企业债券的信用风险。企业债券和公司债券是我国商业银行重要的投资对象。

（2）按是否有财产担保可以分为抵押债券和信用债券。

抵押债券，是以企业财产作为担保的债券，按抵押品的不同又可以分为一般抵押债券、不动产抵押债券、动产抵押债券和证券信用抵押债券。以不动产，如房屋等作为担保品，称为不动产抵押债券；以动产，如适销商品等作为提供品的，称为动产抵押债券；以有价证券，如股票及其他债券作为担保品的，称为证券信托债券。一旦债券发行人违约，信托人就可将担保品变卖处置，以保证债权人的优先求偿权。抵押品的价值一般超过它所提供担保债券价值的25%～35%。

信用债券，是不以任何公司财产作为担保，完全凭信用发行的债券。政府债券属于此类债券。这种债券由于其发行人的绝对信用而具有坚实的可靠性。除此之外，一些公司也可发行这种债券，即信用公司债。与抵押债券相比，信用债券的持有人承担的风险较大，因而往往要求较高的利率。因为信用债券没有财产担保，所以在债券契约中都要加入保护性条款，如不能将资产抵押其他债权人、不能兼并其他企业、未经债权人同意不能出售资产、不能发行其他长期债券等。

（3）按债券形态分类可以分为实物债券（无记名债券）、凭证式债券及记账式债券。

实物债券（无记名债券），是一般意义上的债券，是一种具有标准格式实物券面的债券。在其券面上，一般印制了债券面额、债券利率、债券期限、债券发行人全称、还本付息方式等各种债券票面要素。其不记名，不挂失，可上市流通。

凭证式债券，其形式是债权人认购债券的一种收款凭证，而不是债券发行人制定的标准格式的债券。

记账式债券，是指没有实物形态的票券，又称无纸化国债，以电脑记账方式记录债权，通过证券交易所的交易系统发行和交易。如果投资者进行记账式债券的买卖，就必须在证券交易所设立账户。

（4）按是否能转换分为可转换债券和不可转换债券。

可转换债券，是在特定时期内可以按某一固定的比例转换成普通股的债券，它具有债务与权益的双重属性，属于一种混合性筹资方式。由于可转换债券赋予债券持有人将来成为公司股东的权利，因此其利率通常低于不可转换债券。若将来转换成功，在转换前发行企业达到了低成本筹资的目的，转换后又可节省股票的发行成本。根据《公司法》规定，发行可转换债券应由国务院证券管理部门批准，发行公司应同时具备发行公司债券和发行股票的条件。

不可转换债券，是指不能转换为普通股的债券，又称为普通债券。由于其没有赋予债券持有人将来成为公司股东的权利，所以其利率一般高于可转换债券。

（5）按利率是否固定，分为固定利率债券和浮动利率债券。

固定利率债券，是将利率印在票面上并按其向债券持有人支付利息的债券。该利率不随市场利率的变化而调整，因而固定利率债券可以较好地抵制通货紧缩风险。

浮动利率债券，其利率同当前市场利率挂钩，而当前市场利率又考虑到了通货膨胀率的影响，所以浮动利率债券可以较好地抵制通货膨胀风险。浮动利率债券往往是中长期债券。

（6）按是否能够提前偿还，分为可赎回债券和不可赎回债券。

可赎回债券，是指在债券到期前，发行人可以以事先约定的赎回价格收回的债券。公司发行可赎回债券主要是考虑到公司未来的投资机会和回避利率风险等问题，以增加公司资本结构调整的灵活性。发行可赎回债券最关键的问题是赎回期限和赎回价格的制定。

不可赎回债券，是指不能在债券到期前收回的债券。

（7）按偿还方式不同，分为一次到期债券和分期到期债券。

一次到期债券，是发行公司于债券到期日一次偿还全部债券本金的债券。

分期到期债券，是指在债券发行的当时就规定有不同到期日的债券，即分批偿还本金的债券，可以减轻发行公司集中还本的财务负担。

（8）按计息方式分为单利债券、复利债券及累进利率债券。

单利债券，是指在计息时，不论期限长短，仅按本金计息，所生利息不再加入本金计算下期利息的债券。

复利债券，是指在计算利息时，按一定期限将所生利息加入本金再计算利息，逐期滚算的债券。

累进利率债券，是指年利率以利率逐年累进方法计息的债券。累进利率债券的利率随着时间的推移，后期利率比前期利率更高，呈累进状态。

（9）按募集方式分为公募债券和私募债券。

公募债券，是指向社会公开发行，向不特定的多数投资者公开募集，任何投资者均可购买的债券，它可以在证券市场上转让。

私募债券，是指向与发行者有特定关系的少数投资者募集的债券，其发行和转让均有一定的局限性。私募债券的发行手续简单，一般不能在证券市场上交易。

（10）按债券是否记名分为记名债券和无记名债券。

这种分类类似于记名股票与无记名股票的划分。在公司债券上记载持券人姓名或名称的为记名公司债券；反之为无记名公司债券。两种债券在转让上的差别也与记名股票、无记名股票相似。

（11）按是否参加公司盈余分配，分为参加公司债券和不参加公司债券。

参加公司债券，债权人除享有到期向公司请求还本付息的权利外，还有权按规定参加公司盈余分配的债券；反之为不参加公司债券。

（12）按能否上市，分为上市债券和非上市债券。

上市债券，指可在证券交易所挂牌交易的债券，上市债券信用度高，价值高，变现容易，适合于需随时变现的闲置资金的投资需要，但上市条件严格，并要承担上市费用。

非上市债券，指不在证券交易所挂牌交易的债券。

基金——利益共享、风险共担的集合投资

我国的投资基金最早产生于20世纪80年代后期，1987年中国银行和中国国际信托投资公司共同推出面向海外投资者的基金，自此以后，基金开始发展。

基金，从广义上说是指为了某种目的而设立的具有一定数量的资金。主要包括信托投资基金、公积金、保险基金、退休基金，各种基金会的基金。人们平常所说的基金主要是指证券投资基金，即通过公开发售基金份额募集资金，由基金托管人托管，由基金管理人管理和运作资金，为基金份额持有人的利益，以资产组合方式进行证券投资的一种利益共享、风险共担的集合投资方式。

在各式金融商品中，股票风险大、挑选难，期货风险更大。不妨选择各式基金，作为踏入投资旅程的第一步。

想要尝试投资证券投资基金，首先一定要知道证券投资基金的基本类别，都有什么样的基金供我们投资，以便在众多的基金中选择适合自己收益风险偏好的基金。

1. 根据基金单位是否可增加或赎回分类

根据基金单位是否可增加或赎回，可分为开放式基金和封闭式基金。

（1）开放式基金，是指基金发起人在设立基金时，基金单位或者股份总规模不固定，可视投资者的需求，随时向投资者出售基金单位或者股份，并可以应投资者的要求赎回发行在外的基金单位或者股份的一种基金

运作方式。投资者既可以通过基金销售机构购买基金使得基金资产和规模由此相应的增加，也可以将所持有的基金份额卖给基金销售机构并收回现金使得基金资产和规模相应的减少。

开放式基金的交易主要包括三个环节：认购、申购和赎回。

开放式基金是世界各国基金运作的基本形式之一。基金管理公司可随时向投资者发售新的基金份额，也需随时应投资者的要求买回其持有的基金份额。简单说，开放式基金在募集期内不规定限额，募集100亿，还是200亿，这主要看市场需求，募集完以后，原则上只要基金公司在经营，就可以永续地发展，这是开放式基金的特性。从发达国家金融市场来看，开放式基金已成为世界投资基金的主流。世界基金发展史从某种意义上说就是从封闭式基金走向开放式基金的历史。

（2）封闭式基金，是指基金规模在发行前已确定、在发行完毕后的规定期限内固定不变，并在证券市场上交易的投资基金，其在一定时期内不再接受新的投资，又称为固定型投资基金。封闭期通常在5年以上，一般为10年或15年，经受益人大会通过并经主管机关同意可以适当延长期限。封闭式基金的基金单位在封闭期限内不能赎回，投资者日后买卖基金单位都必须通过证券经纪商在二级市场上进行竞价交易。

由于封闭式基金在证券交易所的交易采取竞价的方式，因此交易价格受到市场供求关系的影响而并不必然反映基金的净资产值，即相对其净资产值，封闭式基金的交易价格有溢价、折价现象。

$$\text{溢（折）价率}=(\text{交易价格}-\text{基金单位净值})/\text{基金单位净值}\times 100\%$$

如果得出的结果是负的，就是折价率；如果是正的，就是溢价率。

2. 按基金的发行对象分类

按基金的发行对象，可分为私募基金和公募基金。

（1）私募基金，是指通过非公开方式面向少数机构投资者和有实力的个人投资者募集资金而设立基金，如著名的量子基金、老虎基金就是典型的私募基金，其销售和赎回都是基金管理人通过私下与投资者协商进行的。

目前，中国的私募基金按照投资标的分为以下几种：私募证券投资基金，又称为阳光私募，主要投资于股票；私募房地产投资基金；私募股权投资基金，即PE，投资于非上市公司股权，以IPO为目的；私募风险投资基金，即VC，风险比较大。

（2）公募基金，是指受政府主管部门监管的，向不特定投资者公开发行收益凭证的证券投资基金。公募发行以众多投资者为发行对象，筹资潜力巨大，可申请在交易所上市，信息披露公开透明。

公募基金对基金管理公司的资格有严格的规定，对基金资产的托管人也有严格的规定，基金托管人在中国实际上就是银行。封闭式公募基金每周还要公开一次资产净值，每季度还要公布投资组合，同时受到监管部门的严格监管，风险较小。

公募基金只能投资股票或债券，不能投资非上市公司股权，不能投资房地产，不能投资有风险企业，而私募基金可以。

3. 按规避和化解证券投资风险分类

按规避和化解证券投资风险，可分为全球对冲基金、宏观对冲基金、卖空对冲基金、市场中性对冲基金、事件驱动对冲基金及基金中的对冲基金。

（1）全球对冲基金侧重于以自下而上的方法在个别市场上挑选股票，在操作过程中较少使用指数衍生工具。

（2）宏观对冲基金根据国际经济环境的变化利用股票、货币汇率等投资工具在全球范围内进行交易。

（3）卖空对冲基金指基金经理专门寻找股价过高的股票或股票市场，寄望于做空后股价下跌从中获利。

（4）市场中性对冲基金指市场上某些股票的价格变化时，变化的幅度和时间不同，基金经理利用这种差别获取利润，并同时采用反向操作手段以降低风险。

（5）事件驱动对冲基金，又称“公司生命周期型投资”，指投资者旨在利用每一次公司的特殊事件而获利。这类对冲基金往往在上市公司出现公司兼并、破产重组、资产重组和股票回购等重大事件时寻找投资机会。

（6）基金中的对冲基金即对多种对冲基金进行组合，大幅降低风险并获得尽可能高的投资收益。

4. 按基金的组织方式分类

按基金的组织方式，可分为契约型基金和公司型基金。

（1）契约型基金，又称为单位信托基金，是指把投资者、管理人、托管人三者作为基金的当事人，通过签订基金契约的形式，发行受益凭证而设立的一种基金。其是依照基金契约组建，通过基金契约来规范三方当事人的行为，基金本身不具有法律资格。基金管理人负责基金的管理操作。基金托管人作为基金资产的名义持有人，负责基金资产的保管和处置，对基金管理人的运作实行监督，又是基金的受益人，即享有基金的受益权。

（2）公司型基金，又叫作共同基金，指基金本身为一家股份有限公司，具有法人资格。公司通过发行股票或受益凭证的方式来筹集资金，然后在由专业的财务顾问或管理公司来经营与管理，设立董事会和持有人大会，重大事项由董事会讨论决定。基金资产由公司所有，投资者则是这家公司的股东，承担风险并通过股东大会行使权利。

从世界基金业的发展趋势看，公司型基金除了比契约型基金多了一层基金公司组织外，其他各方面都与契约型基金有趋同化的倾向。

5. 按投资目标分类

按投资目标，可分为成长型基金、收入型基金及平衡型基金。

（1）成长型基金，是指以追求资产的长期增值和盈利为基本目标从而投资于具有良好增长潜力的上市股票或其他证券的证券投资基金。成长型基金又可分为稳健成长型基金和积极成长型基金。

（2）收入型基金，是指以追求当期高收入为基本目标从而以能带来稳定收入的证券为主要投资对象的证券投资基金，收入型基金追求高的收益，那就肯定有风险。一般可分为固定收入型基金和股票收入型基金。固定收入型基金的主要投资对象是债券和优先股，因而尽管收益率较高，但长期成长的潜力很小，而且当市场利率波动时，基金净值容易受到影响。股票收入型基金的成长潜力比较大，但易受股市波动的影响。

（3）平衡型基金，是指以保障资本安全、当期收益分配、资本和收益的长期成长等为基本目标，从而在投资组合中比较注重长短期收益－风险搭配的证券投资基金。这种基金一般将25%～50%的资产投资于债券及优先股，其余的投资于普通股。平衡型基金的主要目的是从其投资组合的债券中得到适当的利息收益，与此同时又可以获得普通股的升值收益。平衡型基金的特点是风险比较低，缺点是成长的潜力不大。

6. 按投资标的分类

按投资标的，可分为债券型基金、股票型基金、货币市场型基金及混合型基金。

（1）债券型基金，是指80%以上的基金资产投资于债券的基金。假如全部投资于债券，可以称其为纯债券基金；假如大部分基金资产投资于债券，少部分投资于股票，可以称其为债券型基金。在我国，其投资对象主要是国债、金融债和企业债。由于债券的年利率固定，因而这类基金的风险较低，适合于稳健型投资者。

债券型基金可使普通投资者方便参与银行间债券、企业债、可转债等产品的投资。在股市低迷时，债券基金的收益仍然很稳定，不受市场波动的影响。目前，企业债券的年利率在4.5%左右，扣除了基金的运营费用，可保证年收益率在3.3%～3.5%之间。

（2）股票型基金，是以60%以上的基金资产投资于股票的基金，股票基金在股市中占有非常重要的地位。国内所有上市交易的封闭式基金及大部分的开放式基金都是股票基金，投资者之所以钟爱股票基金，原因在于可以有不同的风险类型供选择，而且可以克服股票市场普遍存在的区域性投资限制的弱点。

按照股票种类的不同，分为优先股票基金和普通股票基金。优先股票基金是一种可以获得稳定收益、风险较小的股票型基金，投资对象以各公司发行的优先股为主，收益主要来自于股利收入；普通股基金以追求资本利得和长期资本增值为目的，风险较优先股基金高。

按基金投资分散化程度，可分为一般普通股基金和专门化基金。前者是将基金资产分散投资于各类普通股票上；后者是将基金资产投资于某些特殊行业股票上，风险较大。

按基金投资的目的，可分为资本增值型基金、成长型基金及收入型基金。

（3）货币市场型基金，是以货币市场工具为投资对象的一种基金。货币市场基金通常被认为是无风险或低风险的投资，主要投资于短期货币工具（一般期限在一年以内，平均期限120天）。如，短期国债、中央银行票据、商业汇票、银行承兑汇票、银行定存和大额转账的存单等。通常，货币市场基金的收益会随着市场利率的下跌而降低，与债券基金正好相反。

（4）混合型基金，主要从资产配置的角度看，股票、债券投资比率可以灵活调控，没有固定的范围。

7. 按投资理念分类

按投资理念，可分为主动型基金、被动型基金。

（1）主动型基金，一般以寻求取得超越市场的业绩表现为目标，哪个板块赚钱就买哪个板块，可以主动地去选择股票的配置。其基金管理者一般认为证券市场是无效的，存在着错误定价的股票。

（2）被动型基金（指数型基金），一般选取特定的指数成分股作为投资的对象，不主动寻求超越市场的表现，而是试图复制指数的表现，因此通常又被称为指数基金。其投资管理者认为，市场是有效的，投资者不可能超越市场。

8. 按资本来源和流向分类

按资本来源和流向，可分为国内基金、国际基金、离岸基金及海外基金。

（1）国内基金，是基金资本来源于国内，投资于国内金融市场并受到相关法律监督的基金。一般而言，国内基金在一国基金市场上占主导地位。国内基金的主要投资品种是股票、债券和现金。

（2）国际基金，是基金资本来源于国内但投资于境外金融市场的投资基金。由于各国经济和金融市场发展的不平衡性，因而在不同国家会有不同的投资回报，通过国际基金的跨国投资，可以为本国资本带来更多的投资机会以及在更大范围内分散投资风险，但国际基金的投资成本和费用一般也较高。国际基金有国际股票基金、国际债券基金和全球商品基金等种类。

（3）离岸基金，又称离岸证券投资基金，是指一国的证券基金组织在他国发行证券基金单位并将募集的资金投资于本国或第三国证券市场的证券投资基金。离岸基金的特点是两头在外，一般都在素有“避税天堂”之称的地方注册，如卢森堡、百慕大或开曼群岛等海外管辖区注册成立，因为这些国家和地区对个人投资的资本利得、利息和股息收入都不收税。

（4）海外基金，是由国外投资信托公司发行的基金，基金资本从国外筹集并投资于国内金融市场的基金。透过海外基金的方式进行投资，不但可分享全球投资机会和利得，亦可达到分散风险、专业管理、节税与资产移转的目的。

9. 其他特殊类型

（1）ETF（交易型开放式指数基金），是一个投资组合，当你拿不准该投哪只股票时，投资一个组合是相当稳妥的方法。ETF基金的创设与赎回是通过一揽子证券组合进行的，而不是以现金进行的。

（2）LOF（上市开放式基金），是指上市型开放式基金，它是通过深交所交易系统发行并上市交易的一种开放式基金。LOF的投资者既可以通过基金管理人或其委托的销售机构以基金净值进行基金的申购、赎回，也可以通过交易所市场以交易系统撮合成交价进行基金的买入、卖出，LOF申购和赎回均以现金方式进行。简单说，它是一种跨市场基金，投资者可以利用它的这一特性进行跨市场套利。

（3）伞形基金，是基金的一种组织形式，基金发起人根据一份总的基金招募书，设立多只相互之间可以根据规定的程序及费率水平进行转换的基金。只要投资在任何一家子基金，即可任意转换到另一个子基金，无须额外负担费用。这些基金称为“子基金”或“成分基金”；而由这些子基金共同构成的这一基金体系被称为“伞形基金”。

（4）政府公债基金，指专门投资于直接或间接由政府担保的有价证券的基金。投资对象包括国库券、国库本票、政府债券以及政府机构发行的债券。投资于这种基金的最大优点是安全性高。因为它有政府担保，收益相对稳定，且流动性也大。

值得一提的是，近些年来我国某些带有私募基金性质投资基金所控制的资金实力估计达数千亿元，然而他们的合法地位尚在讨论过程之中，大家要谨慎投资。

证券投资基金的运作基本流程是：

（1）投资者购买基金份额，并将其存放在制定的托管银行账户；

（2）基金管理公司运作这些从不同投资者那里汇聚起来的资金；

（3）基金管理公司利用其拥有的专业优势，将这些资金分散投资于证券市场上的各种金融产品；

（4）投资所得的收益通过派发红利或在投资方式分配给投资者，投资损失也由投资者自己承担，基金管理公司在这个过程中收取一定比例的管理费用。

我国投资基金起步于1991年，当时只有深圳南山风险投资基金和武汉证券投资基金两家，规模为9000万元。到1994年底，发展为有31家基金在沪深两地证交所以及一些区域性证券交易中心挂牌成为上市基金。

股票——涨涨跌跌的诱惑

伴随着股份公司的诞生和发展，以股票形式集资入股的方式也得到发展，并且产生了买卖交易转让股票的需求。这样，就带动了股票市场的出现和形成，并促进了股票市场的完善和发展。

股票是由股份公司发行的权益凭证，持有者可以按公司的分红政策定期或不定期地取得红利收入。股票的交易都是通过股票市场来实现的。股票市场是股票发行和流通场所，也可以说是指对已发行的股票进行买卖和转让的场所。股票市场一般可以分为两级，一级市场称之为股票发行市场，二级市场称之为股票交易市场。

了解股票的基本分类和特殊股种是投资股票的一个重要环节。想要投资股票首先需要对自己投资的目标，即各种股票的含义、分类和特殊性有所了解，进而确定适合自己投资的股票种类。

1. 根据股东的权利，股票可分为普通股和优先股

（1）普通股，指的是在公司的经营管理和盈利及财产的分配上享有普通权利的股份，代表满足所有债权偿付要求及优先股东的收益权与求偿权要求后对企业盈利和剩余财产的索取权。它构成公司资本的基础，是股票的一种基本形式，也是发行量最大，最为重要的股票。目前在上海和深圳证券交易所交易的股票，都是普通股。

股份有限公司根据有关法规的规定以及筹资和投资者的需要，可以发行不同种类的普通股。

①按股票有无记名，分为记名股和不记名股。记名股，是在股票票面上记载股东姓名或名称的股票。这种股票除了股票上所记载的股东外，其他人不得行使其股权，且股份的转让有严格的法律程序与手续，需办理过户。中国《公司法》规定，像发起人、国家授权投资的机构、法人发行的股票，应为记名股。

不记名股，是票面上不记载股东姓名或名称的股票。这类股票的持有人即股份的所有人，具有股东资格，股票的转让也比较自由、方便，无须办理过户手续。

②按股票是否标明金额，分为面值股票和无面值股票。面值股票，是在票面上标有一定金额的股票。持有这种股票的股东，对公司享有的权利和承担的义务大小，依其所持有的股票票面金额占公司发行在外股票总面值的比例而定。

无面值股票，是不在票面上标出金额，只载明所占公司股本总额的比例或股份数的股票。无面值股票的价值随公司财产的增减而变动，而股东对公司享有的权利和承担义务的大小，直接依股票标明的比例而定。2012年，中国《公司法》不承认无面值股票，规定股票应记载股票的面额，并且其发行价格不得低于票面金额。

③根据投资主体，分为国有股、法人股及社会公众股。国有股，由于我国大部分股份制企业都是由原国有大中型企业改制而来的，因此，国家股在公司股权中占有较大的比重。通过改制，多种经济成分可以并存于同一企业，国家则通过控股方式取得国有股权，用较少的资金控制更多的资源，巩固了公有制的主体地位。

法人股，指企业法人或具有法人资格的事业单位和社会团体，以其依法可经营的资产向公司非上市流通股权部分投资所形成的股份。如果该法人是国有企业、事业及其他单位，那么该法人股为国有法人股。如果是非国有法人资产投资于上市公司形成的股份则为社会法人股。

社会公众股，是指我国境内个人和机构，以其合法财产向公司可上市流通股权部分投资所形成的股份。我国投资者通过股东账户在股票市场买卖的股票都是社会公众股。我国公司法规定，单个自然人持股数不得超过该公司股份的5‰。

④根据股票的上市地点和所面对的投资者，分为A股、B股、H股、N股和S股。

A股，即人民币普通股，是由中国境内公司发行，供境内机构、组织或个人（从2013年4月1日起，境内、港、澳、台地区居民可开立A股账户）以人民币认购和交易的普通股股票。A股以无纸化电子记账，实行“T+1”交割制度，有涨跌幅（10%）限制。

B股，即人民币特种股票。它是以人民币标明面值，以外币认购和买卖，在境内（上海、深圳）证券交易所上市交易的。在深圳交易所上市交易的B股按港元单位计价；在上海交易所上市的B股按美元单位计价。B股以无纸化电子记账，实行“T+3”交割制度，有涨跌幅（10%）限制，参与投资者为香港、澳门、台湾地区居民和外国人，持有合法外汇存款的大陆居民也可投资。

H股，也称国企股，指注册地在内地、上市地在香港的外资股。H股为实物股票，实行“T+0”交割制度，无涨跌幅限制。中国地区机构投资者、国际资本投资者可以投资于H股，个人直接投资于H股尚需时日。

N股，是指那些在中国大陆注册、在纽约上市的外资股。

S股，是指那些在中国大陆注册、在新加坡上市的外资股。

（2）优先股，是“普通股”的对称。是股份公司发行的在分配红利和剩余财产时比普通股具有优先权的股份。优先股也是一种没有期限的有权凭证，优先股股东一般不能在中途向公司要求退股（少数可赎回的优先股例外）。优先股的优先权主要表现在股息领取优先权及剩余资产分配优先权。优先股的分类主要有以下几种：

①累积优先股和非累积优先股。累积优先股是指在某个营业年度内，如果公司所获的盈利不足以分派规定的股利，日后优先股的股东对往年付给的股息，有权要求如数补给。对于非累积的优先股，虽然对于公司当年所获得的利润有优先于普通股获得分派股息的权利，但如果该年公司所获得的盈利不足以按规定的股利分配时，非累积优先股的股东不能要求公司在以后年度中予以补发。一般来讲，对投资者来说，累积优先股比非累积优先股具有更大的优越性。

②参与优先股与非参与优先股。当企业利润增大，除享受既定比率的利息外，还可以跟普通股共同参与利润分配的优先股，称为“参与优先股”。除了既定股息外，不再参与利润分配的优先股，称为“非参与优先股”。一般来讲，参与优先股较非参与优先股对投资者更为有利。

③可转换优先股与不可转换优先股。可转换的优先股是指允许优先股持有人在特定条件下把优生股转换成为一定数额的普通股。否则，就是不可转换优先股。可转换优先股是近年来日益流行的一种优先股。

④可收回优先股与不可收回优先股。可收回优先股是指允许发行该类股票的公司，按原来的价格再加上若干补偿金将已发生的优先股收回。当该公司认为能够以较低股利的股票来代替已发生的优先股时，就往往行使这种权利。反之，就是不可收回的优先股。

2. 按股票业绩的表现分类

根据股票业绩的表现，可分为蓝筹股、绩优股和垃圾股。

（1）蓝筹股。“蓝筹”一词源于西方赌场，在西方赌场中，有三种颜色的筹码，其中蓝色筹码最为值钱，红色筹码次之，白色筹码最差，投资者把这些行话套用到股票上，他们把那些在其所属行业内占有重要支配性地位、业绩优良，成交活跃、红利优厚的大公司股票称为蓝筹股。

蓝筹股一般可以分为一线蓝筹股、二线蓝筹股、绩优蓝筹股、大盘蓝筹股及蓝筹股基金。

一线蓝筹股，是指业绩稳定，流股盘和总股本较大，即权重较大的个股。

二线蓝筹股，是指在市值、行业地位上以及知名度上略逊于一线蓝筹公司，但其整体表现仍然良好的个股。

绩优蓝筹股，是从蓝筹股中因对比而衍生出的词，是以往业内已经公认业绩优良、红利优厚、保持稳定增长的公司股票，而“绩优”是从业绩表现排行的角度，优中选优的个股。

大盘蓝筹股，从各国的经验来看，那些市值较大、业绩稳定及在行业内居于龙头地位并能对所在证券市场起到相当大影响的公司的股票成为大盘蓝筹股。按照美国的标准，市值高于100亿美元的称为大盘股，高于10亿美元的称为中盘股。

蓝筹基金，是指该基金主要用于购买蓝筹股的基金。

（2）绩优股，是业绩优良且比较稳定的公司的股票。这些公司经过长时间的努力，具有较强的综合竞争力与核心竞争力，在行业内有较高的市场占有率，且利润稳步增长，市场知名度很高。在我国，投资者衡量绩优股的主要指标是每股税后利润和净资产收益率。一般而言，每股税后利润在全体上市公司中处于中上地位，公司上市后净资产收益率连续三年显著超过10%的股票当属绩优股之列。

（3）垃圾股，顾名思义就是那些业绩较差，问题多的个股。一般是指评级为非投资级的股票（BB以下），每股收益在0.10元以下的个股均可称作垃圾股。

投资垃圾股的风险大，所以风险回报率（收益率）也高，20世纪80年代末，美国兴起了垃圾股投资热潮。特别是在企业上市受到一定约束的情况下，上市公司起码还具有“壳资源”的。在实际股市里，有一些垃圾股的股价远远超过绩优股的股价。因此垃圾股炒作还是值得考虑的。

3. 按股票交易价格的高低分类

根据股票交易价格的高低，分为一线股、二线股和三线股。

（1）一线股，指股票市场上价格较高的一类股票。发行这些股票的公司业绩优良或具有良好的发展前景，股价领先于其他股票。大致上，一线股等同于绩优股和蓝筹股。一些高成长股，如我国证券中场上的一些高科技股，由于投资者对其发展前景充满憧憬，它们也位于一线股之列。一线股享有良好的市场声誉，为机构投资者和广大中小投资者所熟知。

（2）二线股，是价格中等的股票。这类股票在市场上数量最多。二线股的业绩参差不齐，但从整体上看，它们的业绩也同股价一体在全体上市公司中居中游。

（3）三线股，指价格低廉的股票。发行这类股票的大多业绩不好，前景不妙，有的甚至已经到了亏损的境地。也有少数上市公司，因为发行量太大，或者身处夕阳行业，缺乏高速增长的可能，难以塑造出好的投资概念来吸引投资者。这些公司虽然业绩尚可，但股价却徘徊不前。也被投资者视为了三线股。

如今股票早已飞入寻常百姓家，如何入市是我们最关心的话题。股票投资的关键就在选择股票上，在于会挑选好企业的股票。如果我们想选择可以盈利的股票，首先要学会选择有盈利的上市公司，然后持有其股票。

巴菲特说过，优秀企业的标准是"业务清晰易懂，业绩持续优异，由能力非凡且为股东着想的管理层来经营的大公司"。凡是遵循以上所说的标准去选股，就能够找到好的股票。

在当前市场环境中如何精选个股，一些市场上的高手也理出了下面几条基本原则，可作为投资股票时的参考：

（1）选择自己熟悉的股票。熟悉的股票，你比较容易了解情况，能适时地得到这些公司的各种消息。如果公司有利好题材可以快人一步抢进，利空来临则抢先出逃。

（2）了解上市公司的行业。对上市公司所处行业的特性进行分析，再结合自己的投资策略选择股票。

（3）关注上市公司在行业中的地位。投资者除考虑该公司是否是行业龙头或垄断行业之外，还考虑公司的基本条件。诸如：现金流、公基金充足的，显示企业基本财务状况较好；市盈率较低，最好是在10倍左右，表明未来还有一定的上涨空间；要有机构投资者看好，从公开信息中可以看到流通大股东中有基金、保险或社保基金进驻的则多为资质优良的公司。

（4）选择那些不著名、但成长性好的上市公司。这些公司假以时日，经营规模上来了，其发展可能会一日千里，是潜在的大黑马。

（5）选择题材股。这类股票由于有炒作题材，必然会引起主力大户的注意，反复炒作。适时介入这类股票，待题材明朗时抛出，会有较为丰厚的获利。

（6）选择小盘股。一般来说小盘股筹码较少，机构庄家容易吸筹，一旦介入往往急速飙升，经常成为股市中的黑马。

（7）选择逆市上行的个股。这类股往往是强势股，股价大涨小回，往往逆市上行，说明庄家资金雄厚，操盘手法娴熟，且这类个股多数都有一定的题材，庄家才敢于逆市坐庄。

（8）选择突破阻力线的股票。突破阻力线的股票，表明卖压减轻，应果断跟进，后市会有一段可观的升幅。

（9）选择换手率高的股票。换手率高的股票，由于筹码得到了充分消化，每个人的成本较高，卖压越来越轻，未来走势肯定有出众的表现，而且换手率高的股票，说明投资大众对其热烈追捧，庄家呵护有加，后市会飙升。

（10）选择大手成交的股票。成交量是投资大众购买股票欲望强弱的直接表现，人气的聚散数量化就是成交量。成交量是股市的元气，股价只不过是它的表征而已。所以，成交量通常比股价先行。如果某个个股成交量放大，而且抛出的筹码被大手承接，就说明有主力介入，股价稍有回调即有人跟进，这类个股无疑就是明天的黑马。

当然，针对上述内容也要综合考虑，符合的条件越多越好，将选好的个股先行跟踪考察一段时间，以长线指标进行观察，最后再决定是否下单。总之，股民精选个股，不能道听途说，不能轻信股评和所谓理财专家的建议，一定要精心做好准备，冷静观察，仔细分析，自己选股。

保险——花点钱保护你的钱吧

月有阴晴圆缺，人有旦夕祸福。掉下悬崖的瞬间，你永远不知道自己是会捡到武功秘籍，还是被摔死。

从人类历史来看，人类社会从开始就面临着自然灾害和意外事故的侵扰，在与大自然抗争的过程中，古代人们就萌生了对付灾害事故的保险思想和原始形态的保险方法。保险从萌芽时期的互助形式逐渐发展成为冒险借贷，发展到海上保险合约，发展到海上保险、火灾保险、人寿保险和其他保险，并逐渐发展成为现代保险。

所谓保险，是指由承保人聚集多数投保人或被保险人的某种风险，通过向投保人收取合理计算的保险费的方式积累保险基金，然后对这些被保险人中发生约定风险事故者进行赔偿或给付。

保险市场是市场的一种形式，是保险商品交换关系的总和或是保险商品供给与需求关系的总和，即指固定的交易场所，如保险交易所，也可以是所有实现保险商品让渡的交换关系的总和。

在保险市场上，交易的对象是保险人为消费者所面临的风险所提供的各种保险保障产品。保险市场的构成要素如下：首先是为保险交易活动提供各类保险商品的卖方或供给方；其次是实现交易活动的各类保险商品的买方或需求方；再次就是具体的交易对象——各类保险商品。后来，保险中介方也渐渐成为构成保险市场不可或缺的因素之一。

从经济的角度来看，保险是分摊意外事故损失的一种财务安排；从社会的角度来看，保险是社会经济保障制度的重要组成部分，是社会生产和社会生活“精巧的稳定器”；从风险管理角度来看，保险是风险管理的一种方法，起到分散风险、消化损失的作用。保险无论对公司还是个人都意义重大，是现代投资中不可或缺的组成部分。

也许会有人说：我还没有赚够钱，哪里有闲钱买保险啊？事实上，保险是以明确的小投资来弥补不明确的大损失。当在人们遭遇病、死、残、医等重大变故时，保险金可以立即发挥周转金、急难救助金等活钱的功能。因此，保险支出应该列为家庭最重要最优先的一笔投资，千万不能忽视。当然，在购买保险前也要全面了解保险的种类。

1. 按保险的实施方式分类

按保险的实施方式，可分为强制保险与自愿保险。

（1）强制保险，是指根据国家颁布的有关法律和法规，凡是在规定范围内的单位或个人，不管愿意与否都必须参加的保险。比如，世界各国一般都将机动车第三者责任保险规定为强制保险的险种。强制保险的范畴大于法定保险。法定保险是强制保险的主要形式。

从国际上看，强制保险的形式有两种，一是规定在特定范围内建立保险人与被保险人的保险关系，且两者没有自主选择的余地。二是规定一定范围内的人或财产都必须参加保险，并以此作为许可从事某项业务活动的前提条件。

社会保险，是指国家通过立法强制实行的，强制社会多数成员参加的，由个人、单位、国家三方共同筹资，建立保险基金，对因年老、工伤、疾病、生育、残废、失业、死亡等原因丧失劳动能力或暂时失去工作的个人或其供养直系亲属给予物质帮助的一种非营利性的社会安全制度。它是一种再分配制度，目标是保证物质及劳动力的再生产和社会的稳定。社会保险具有法制性、强制性、固定性等特点，每个在职职工都必须实行，所以，社会保险又称为（社会）基本保险，或者简称为社保。

社会保险按其功能又分为养老保险、医疗保险、失业保险、工伤保险、生育保险、住房保险（又称住房公积金）等。

①养老保险，是国家依据相关法律法规规定，为解决劳动者在达到国家规定的解除劳动义务的劳动年龄界限或因年老丧失劳动能力而退出劳动岗位后而建立的一种保障其基本生活的社会保险制度。

基本养老保险费由企业和被保险人按不同缴费比例共同缴纳。以北京市养老保险缴费比例为例：企业每月按照其缴费总基数的20%缴纳，职工按照本人工资的8%缴纳。其中城镇个体工商户和灵活就业人员以本市上一年度职工月平均工资作为缴费基数，按照20%的比例缴纳基本养老保险费，其中8%计入个人账户。职工按月领取养老金必须是达到法定退休年龄（男职工60岁，女职工50岁），并且已经办理退休手续；个人缴费至少满15年。

基础养老金月标准为省（自治区、直辖市）或市（地）上年度职工月平均工资的20%。个人账户养老金由个人账户基金支付，月发放标准根据本人账户储存额除以120。个人账户基金用完后，由社会统筹基金支付。

②医疗保险，指通过国家立法，按照强制性社会保险原则，基本医疗保险费应由用人单位和职工个人按时足额缴纳。以北京市医疗保险缴费比例为例：用人单位每月按照其缴费总基数的10%缴纳，职工按照本人工资的2%+3块钱的大病统筹缴纳。

用人单位所缴纳的医疗保险费一部分用于建立基本医疗保险社会统筹基金，这部分基金主要用于支付参保职工住院和特殊慢性病门诊及抢救、急救。发生的基本医疗保险起付标准以上、最高支付限额以下符合规定的医疗费，其中个人也要按规定负担一定比例的费用。个人账户资金主要用于支付参保人员在定点医疗机构和定点零售药店就医购药的费用，个人账户资金用完或不足部分，由参保人员个人用现金支付。参保职工因病住院先自付住院起付额，再进入统筹基金和职工个人共付段。参加基本医疗保险的单位及个人，必须同时参加大额医疗保险，并按规定按时足额缴纳基本医疗保险费和大额医疗保险费，才能享受医疗保险的相关待遇。

③工伤保险，是指劳动者在工作中或在规定的特殊情况下，遭受意外伤害或患职业病导致暂时或永久丧失劳动能力以及死亡时，劳动者或其遗属从国家和社会获得物质帮助的一种社会保险制度。

工伤保险费由用人单位缴纳。职工上了工伤保险后，职工住院治疗工伤时，由所在单位按照本单位因公出差伙食补助标准的70%发住院伙食补助费；经医疗机构出具证明，报经办机构同意，工伤职工到统筹地区以外就医的，所需交通、食宿费用由所在单位按照本单位职工因公出差标准报销。另外，工伤职工因日常生活或者就业需要，经劳动能力鉴定委员会确认可以安装假肢、矫形器、假眼、假牙和配置轮椅等辅助器具，所需费用按照国家规定的标准从工伤保险基金中支付。工伤参保职工的工伤医疗费一至四级工伤人员伤残津贴、一次性伤残补助金、生活护理费、丧葬补助金、供养亲属抚恤金、工伤康复费、劳动能力鉴定费都应从工伤保险基金中支付。

④失业保险，是指国家通过立法强制实行的，由社会集中建立基金，对因失业而暂时中断生活来源的劳动者提供物质帮助的制度。它是社会保障体系的重要组成部分，是社会保险的主要项目之一。

城镇企业、事业单位、社会团体和民办非企业单位按照本单位工资总额的2%缴纳失业保险费，其职工按照本人工资的1%缴纳失业保险费。无固定工资额的单位以统筹地区上年度社会平均工资为基数缴纳失业保险费。单位招用农牧民合同制工人本人不缴纳失业保险费。

失业人员同时具备以下条件，即可享受失业保险待遇：按规定参加失业保险，所在单位和个人已按规定履行缴费义务满1年的；非因本人意愿中断就业的；已办理失业登记，并有求职要求的。

⑤生育保险，是根据法律规定，在怀孕和分娩的妇女劳动者暂时中断工作、失去正常收入来源时，由国家和社会提供医疗服务、生育津贴和

产假的一种社会保险制度。我国生育保险待遇主要包括两项：一是生育津贴，二是生育医疗待遇。

生育保险基金由用人单位缴纳的生育保险费及其利息以及滞纳金组成。女职工产假期间的生育津贴、生育发生的医疗费用、职工计划生育手术费用及国家规定的与生育保险有关的其他费用都应该从生育保险基金中支出。所有用人单位（包括各类机关、社会团体、企业、事业、民办非企业单位）及其职工都要参加生育保险。

用人单位按照国家规定缴纳生育保险费，职工不缴纳生育保险费。以北京市生育保险缴费比例为例：企业按照职工缴费基数的0.80%缴纳生育保险费。

生育保险金=生育津贴+医疗补助金。生育津贴以用人单位职工月平均工资为基数。正常生育按3个月（90天）计发。医疗补助金以特区上年度企业职工月平均工资为基数。正常生育的按2个月计发；剖腹产或多胞胎的按4个月计发。

⑥住房保险（又称住房公积金），一般称为住房公积金，是由单位和个人共同出资建立的用于个人购买或大修生活用房的保险基金。住房保险之所以列入政府的社会保险支出：

一是因为国家财政要为居民的生活用房提供基础设施建设的资金；

二是因为对中低收入阶层的经济适用住房，国家财政进行了暗补；

三是财政拨款单位职工的住房公积金，不论是单位还是个人缴纳的部分都来源于国家财政收入。

（2）自愿保险，是指保险双方当事人通过签订保险合同，或是需要保险保障的人自愿组合、实施的一种保险。投保人可以自行决定是否投保、向谁投保、中途退保等，也可以自由选择保障范围、保障程度和保险期限等。保险人也可以根据情况自愿决定是否承保、怎样承保，并且自由选择保险标的，选择设定投保条件等。

商业保险，是指通过订立保险合同运营，以营利为目的的保险形式，由专门的保险企业经营。具体而言，是指投保人根据合同约定，向保险人支付保险费，保险人对于合同约定的因可能发生的事故而造成的财产损失承担赔偿保险金责任，或者当被保险人死亡、伤残、疾病或者达到合同约定的年龄、期限时承担给付保险金责任的保险行为。

2. 按保险标的或保险对象分类

按保险标的或保险对象，主要分为财产保险和人身保险两大类。

（1）财产保险，是指投保人根据合同约定，向保险人交付保险费，保险人按保险合同的约定对所承保的财产及其有关利益因自然灾害或意外事故造成的损失承担赔偿责任的保险。财产保险，包括财产保险、农业保险、责任保险、保证保险、信用保险等以财产或利益为保险标的的各种保险。

财产保险的核心原则是损失补偿原则，即“有损失，有补偿”“损失多少，补偿多少”。在日常生活中，最常用到的是家庭财产保险。

（2）人身保险，是以人的寿命和身体为保险标的，并以其遭受不幸事故或因疾病、伤残、年老以致丧失工作能力、死亡或年老退休时，根据保险合同的约定，保险人要按约给付保险金。传统人身保险的产品种类繁多，但按照保障范围可以划分为人寿保险、人身意外伤害保险和健康保险等。

①人寿保险，简称寿险，是一种以人的生死为保险标的的保险，是被保险人在保险责任期内生存或死亡，由保险人根据契约规定给付保险金的一种保险。寿险可分为寿险保障型产品、寿险储蓄型产品和寿险投资型产品。

②人身意外伤害保险，是指被保险人在保险有效期内，因遭受非本意的，外来的，突然发生的意外事故，致使身体蒙受伤害而残疾（或死亡）为给付条件的保险。

③健康保险，是以被保险人的身体为保险标的，以被保险人因疾病或意外伤害而导致的伤、病风险为保险责任，使被保险人因伤、病发生的费用或损失得到补偿的保险。

3. 按承保的风险分类

按承保的风险，可划分为单一风险保险和综合风险保险。

（1）单一风险保险，是指仅对某一可保风险提供保险保障的保险。例如，水灾保险仅对特大洪水事故承担损失赔偿责任。

（2）综合风险保险，是指对两种或两种以上的可保风险提供保险保障的保险。综合保险通常是以基本险加附加险的方式出现的。当前的保险品种基本上都具有综合保险的性质。例如，我国企业财产保险的保险责任包括火灾、爆炸、洪水等。

4. 按承保的功能，可分为投连险、万能险、分红险

（1）投连险，是将保险和理财两个方面组合在一起的保险产品。投资者缴纳的保费，一部分除具备保险的保障功能外，另一部分与保险公司投资收益挂钩，承担相应投资风险，是一种风险自担的投资理财产品。

（2）万能险，是投资险中最为灵活的一种，是指可以任意支付保险费以及任意调整死亡保险金给付金额的人寿保险。收益虽不高，但有保底收益，具备保障功能。

（3）分红险，是保险公司在每个会计年度结束后，将上一会计年度该类分红险的可分配盈余按一定比例以现金红利或增值红利的方式分配给客户的一种人寿保险。其保障范围有限，保障额度也比较低，与银行储蓄非常类似。

5. 按保险业务承保的程序的不同分类

按保险业务承保的程序不同，可分为原保险和再保险。

（1）原保险，也称直接业务市场，是保险人与投保人之间通过订立保险合同而直接建立保险关系。

（2）再保险，也称分保市场，是原保险人将已经承保的直接业务通过再保险合同转分给再保险人的方式形成保险关系。

6. 按保险业务活动的空间的不同分类

按保险业务活动的空间不同，可分为国内保险和国际保险。

（1）国内保险，指专门为本国境内提供各种保险商品，按经营区域范围又可分为全国性保险和区域性保险。

（2）国际保险，指国内保险人经营国外保险业务的保险。其包括以各类财产为对象的保险业务；以人的身体和生命为对象的保险业务；以投保人依照法律或契约规定应负的经济责任为对象的保险业务；以契约双方当事人有一方违反契约造成他方经济损失为对象的保险业务等。

综上所述，确定购买保险时，要切合实际，量力而行。既要使经济能长时期负担，又能得到应有的保障。在购买保险时可进行合理组合，即把保险项目进行合理组合，并注意利用各附加险。如购买1～2个主险附加意外伤害、重大疾病保险，可以使投保人得到更加全面的保障。

买保险时，我们常常碰到犹豫期和免责期的概念。所谓犹豫期是指根据保险法规定，投保人在购买保险后有10天的犹豫期，如果投保人认为该保险合同与投保人的需求不符，可以解除合同，全额退保，保险公司一般只收取工本费；免责期则是健康类保险的特有条款，是指在指定期限内若发生保险事故则保险公司免责不赔偿。

此外，购买保险之后还要注意定期足额缴纳保费，如超过60天宽限期后，保险合同会中止，保险人可以选择在两年内补缴保费来重新恢复保险效力。

一般年轻时买些保险不仅能更早地得到保障，而且费率相对低，缴费的压力也相对较轻。而随着年龄增大，不仅保障晚，费率高，还可能被保险公司拒保。而且在购买保险产品后，注意不要退保，因为轻易退保将遭受较严重的损失：一是没有了保障，二是会损失之前缴纳的绝大多数保费。

2003年，国务院决定将中国保监会由国务院直属副部级事业单位改为国务院直属正部级事业单位，并相应增加职能部门、派出机构和人员编制。中国保险监督管理委员会内设15个职能机构，并在全国各省、直辖市、自治区、计划单列市设有35个派出机构，规范保险市场的经营行为，调控保险业的健康发展。

外汇——那些五花八门的“外国钱”

相对于本国货币，我们把一切外国的货币称为外汇。外汇是伴随着国际贸易产生的，是货币行政当局（中央银行、货币管理机构、外汇平准基金及财政部）以银行存款、财政部库券、长短期政府证券等形式保有的，在国际收支逆差时可以使用的债权。包括外国货币、外币存款、外币有价证券（政府公债、国库券、公司债券、股票等）、外币支付凭证（票据、银行存款凭证、邮政储蓄凭证等）。

外汇，有动态和静态两种含义。

动态意义上的外汇，是指人们将一种货币兑换成另一种货币，清偿国际债权债务关系的行为。这个意义上的外汇概念等同于国际结算。

静态意义上的外汇又有广义和狭义之分。

广义的静态外汇，是指一国拥有的一切以外币表示的资产。按照我国2008年8月1日国务院第20次常务会议修订通过的《中华人民共和国外汇管理条例》规定：外汇是指下列以外币表示的可以用作国际清偿的支付手段和资产，外币现钞，包括纸币、铸币；外币支付凭证或者支付工具，包括票据、银行存款凭证、银行卡等；外币有价证券，包括债券、股票等；特别提款权；其他外汇资产。从这个意义上说，外汇就是外币资产。

狭义的静态外汇，是指以外国货币表示的，为各国普遍接受的，可用于国际债权债务结算的各种支付手段。从这个意义上讲，只有存放在国外银行的外币资金，以及将对银行存款的索取权具体化了的外币票据才构成外汇，主要包括银行汇票、支票、银行存款等。这就是通常意义上的外汇概念。

按照不同标准，可以对外汇做如下分类：

1. 按照管制来划分

按照管制，可分为现汇和购汇。

（1）现汇，又称“自由外汇”。在国际结算中广泛使用，在国际上得到偿付并可以自由兑换其他国家货币的外汇。

（2）购汇，国家批准的可以使用的外汇指标。如果想把指标换成现汇，必须按照国家外汇管理局公布的汇率牌价，用人民币在指标限额内向指定银行买进现汇，专业说法叫购汇，必须按规定用途使用购汇功能。

当发生外币交易后需要支付外币时，用人民币去购换成外币支付的一种行为就称之为购汇了。购汇是转账交易，是用账户上的本币兑换外币，相当于外汇买卖，兑换后的外币还在账户上或银行卡上，不提取现金。但2014年以后最新政策规定，每人每年有5万美元等值的购汇额度，每人每次购汇可以提取不超过等值2000美元的外币现钞。

2. 按照性质来划分

按照性质，可分为贸易外汇、非贸易外汇和金融外汇。

（1）贸易外汇，也称实物贸易外汇，是指来源于或用于进出口贸易的外汇，即由于各国间的商品流通所形成的一种国际支付手段，如运费、保险费、推销费用等所用的外汇。

（2）非贸易外汇，是指贸易外汇以外收支的外汇，即一切非来源于或用于进出口贸易的外汇，如侨汇，或旅游，对外承包工程等外汇收入和支出。

（3）金融外汇，是属于一种金融资产外汇，例如银行同业间买卖的外汇，既非来源于有形贸易或无形贸易，也非用于有形贸易，而是为了各种货币头寸的管理和摆布。

由于世界各国（各地区）货币的名称不同，币值不一，所以一种货币对其他国家（或地区）的货币要规定一个兑换率，即汇率。汇率，变称“外汇行市”或“汇价”，是一种货币兑换另一种货币的比率，是以一种货币表示另一种货币的价格。

一国外汇行市的升降，对进出口贸易和经济结构、生产布局等会产生影响。一般来说，本币汇率降低，即本币对外的比值贬低，能起到促进出口、抑制进口的作用；若本币汇率上升，即本币对外的比值上升，则有利于进口，不利于出口。

例如，一件价值100元人民币的商品，如果人民币对美元的汇率为0.1495（间接标价法），则这件商品在美国的价格就是14.95美元。如果人民币对美元汇率降到0.1429，也就是说美元升值，人民币贬值，用更少的美元可买此商品，这件商品在美国的价格就是14.29美元。所以该商品在美国市场上的价格会变低。商品的价格降低，竞争力变强，便宜好卖。反之，如果人民币对美元汇率升到0.1667，也就是说美元贬值，人民币升值，则这件商品在美国市场上的价格就是16.67美元，此商品的美元价格变贵，买的就少了。

在外汇市场上，汇率是以五位数字来显示的，如：欧元（EUR）0.9705、日元（JPY）119.95、英镑（GBP）1.5237。

汇率的最小变化单位为一点，即最后一位数的一个数字变化，如：欧元（EUR）0.0001、日元（JPY）0.01、英镑（GBP）0.0001。

按国际惯例，通常用3个英文字母来表示货币的名称，以上中文名称后的英文即为该货币的英文代码。

货币	英文代码	货币	英文代码	货币	英文代码
美元	USD	新加坡元	SGD	欧元	EUR
荷兰盾	NLG	日元	JPY	芬兰马克	FIM

货币	英文代码	货币	英文代码	货币	英文代码
英镑	GBP	泰国铢	THB	瑞士法郎	CHF
瑞典克朗	SEK	澳大利亚元	AUD	丹麦克朗	DKK
新西兰元	NZD	挪威克朗	NOK	加拿大元	CAD
奥地利先令	ATS	港币	HKD	菲律宾比索	PHP
法国法郎	FRF	西班牙比塞塔	ESP	意大利里拉	ITL
澳门元	MOP	比利时法郎	BEF	德国马克	DEM

外汇汇率中的“点”，称为基点。按市场惯例，外汇汇率的标价通常由五位有效数字组成，从右边向左边数过去，第一位称为“X个点”，它是构成汇率变动的最小单位；第二位称为“X十个点”，如此类推。例如：1欧元＝1.1138美元；1美元＝102.51日元。欧元对美元从1.1133变为1.1138，称欧元对美元上升了5点；美元对日元从103.01变为102.51，称美元对日元下跌了50点。

外汇市场上的报价一般为双向报价，即由报价方同时报出自己的买入价和卖出价，由客户自行决定买卖方向。买入价和卖出价的价差越小，对于投资者来说意味着成本越小。确定两种不同货币之间的比价，先要确定用哪个国家的货币作为标准。由于确定的标准不同，于是便产生了几种不同的外汇汇率标价方法。

1. 直接标价法

直接标价法，又叫应付标价法，是以一定单位（1、100、1000、10000）的外国货币为标准来计算应付出多少单位本国货币。就相当于计算购买一定单位外币所应付多少本币，所以就叫应付标价法。在国际外汇市场上，包括中国在内的世界上绝大多数国家目前都采用直接标价法。如美元兑人民币汇率为6.6878，即1美元兑6.6878元人民币。

在直接标价法下，若一定单位的外币折合的本币数额多于前期，则说明外币币值上升或本币币值下跌，叫作外汇汇率上升；反之，如果用比原来较少的本币即能兑换到同一数额的外币，这说明外币币值下跌或本币币值上升，叫作外汇汇率下跌。

2. 间接标价法

间接标价法，又称应收标价法。它是以一定单位（如1个单位）的本国货币为标准，来计算应收若干单位的外汇货币。在国际外汇市场上，欧元、英镑、澳元等均为间接标价法。如欧元兑美元汇率为1.1138，即1欧元兑1.1138美元。

在间接标价法中，本国货币的数额保持不变，外国货币的数额随着本国货币币值的变化而变化。如果一定数额的本币能兑换的外币数额比前期少，这表明外币币值上升，本币币值下降，即外汇汇率下跌；反之，如果一定数额的本币能兑换的外币数额比前期多，则说明外币币值下降、本币币值上升，即外汇汇率上升。

外汇市场就是与外国货币进行兑换的市场，在经济生活中有更多含义。目前，全球主要的外汇市场有伦敦、纽约、巴黎、法兰克福、苏黎世、东京、卢森堡、香港、新加坡、巴林、米兰、蒙特利尔及阿姆斯特丹等30多个，其中最重要的当属纽约、伦敦和东京。

期货——与“未来”有关的市场

为了适应商品经济的不断发展，1985年芝加哥谷物交易所推出了一种被称为“期货合约”的标准化协议，取代原先沿用的远期合同。使用这种标准化合约，允许合约转手买卖，并逐步完善了保证金制度，于是一种专门买卖标准化合约的期货市场形成了，期货成为投资者的一种投资理财工具。

期货交易的对象并不是商品（标的物）的实体，而是商品（标的物）的标准化合约。期货交易可以分为商品期货和金融期货。商品期货又分工业品（可细分为金属商品、能源商品）、农产品及其他商品等。金融期货主要是传统的金融商品（工具），如股指、利率、汇率等各类期货交易，包括期权交易等。

1. 商品期货

（1）农产品期货，主要包括粮食作物、经济作物、畜产品和林产品四大类。粮食作物有大豆、小麦、玉米、大米、红小豆、花生米等；经济作物有棉花、原糖、可可、棕榈油、油菜籽等；畜产品类有活牛、羊毛等；林产品类有木材、天然橡胶等。

（2）金属期货，包括基本金属和贵金属两大类。基本金属类有铜、铝、锡、铅、锌、镍等；贵金属类有黄金、白银、铂金、钯金等。

（3）能源期货，包括原油（塑料、PTA、PVC）、汽油（甲醇）、燃料油。新兴品种包括气温、二氧化碳排放配额、天然橡胶。

2. 金融期货

（1）外汇期货，是指以汇率为标的物的期货合约，用来回避汇率风险。它是金融期货中最早出现的品种。

（2）利率期货，指以债券类证券为标的物的期货合约，其可以避免利率波动所引起的证券价格变动的风险。利率期货一般可分为短期利率期货和长期利率期货，前者大多以银行同业拆借中场3月期利率为标的物、后者大多以5年期以上长期债券为标的物。

（3）股指期货，是以股票指数为标的物的期货，双方交易的是一定期限后的股票指数价格水平，通过现金结算差价来进行交割。如英国FTSE指数、德国DAX指数、东京日经平均指数、香港恒生指数、沪深300指数。

期货市场主要由四个部分组成：

（1）期货交易所：是买卖期货合约的场所，是期货市场的核心。

（2）期货结算公司：期货结算大部分实行会员制，结算会员须缴纳全额保证金存放在结算所，以保证结算所对期货市场的风险控制。

（3）期货经纪公司：是代理客户进行期货交易，并提供有关期货交易服务的企业法人。在代理客户期货交易时收取一定的佣金。

（4）期货交易者：基本上分为套期保值者和投机者两种。套期保值者主要是利用期货市场进行保值交易，以减少价格波动带来的风险，确保生产和经营的正常利润。投机者参加交易可增加市场的流动性，起到润滑剂的作用。

期货交易的目的是为了转移价格风险或获取风险利润。投资者可以对期货进行投资或投机。交收期货的日期可以是一星期之后，一个月之后，三个月之后，甚至一年之后。大部分人认为对期货的不恰当投机行为，例如无货沽空，会导致金融市场的动荡，这是不正确的看法，可以同时做空做多，这才是健康正常的交易市场。

期货市场是进行期货交易的场所，是多种期货交易关系的总和。它是按照“公开、公平、公正”原则，在现货市场基础上发展起来的高度组织化和高度规范化的市场形式。既是现货市场的延伸，又是市场的又一个高级发展阶段。期货市场实行以下基本制度：

1. 保证金制度

在期货交易中，任何交易者必须按照其所买卖期货合约价值的一定比例（通常为5%～10%）缴纳资金，作为其履行期货合约的财力担保，然后才能参与期货合约的买卖，并视价格变动情况确定是否追加资金。这种制度就是保证金制度，所交的资金就是保证金。保证金制度既体现了期货交易特有的“杠杆效应”，同时也成为交易所控制期货交易风险的一种重要手段。

2. 每日结算制度

每日结算制度是由交易所统一组织进行的。期货交易所实行每日无负债结算制度，又称“逐日盯市”，是指每日交易结束后，交易所按当日结算价结算所有合约的盈亏及交易保证金，以手续费、税金等费用，对应收应付的款项同时划转，相应增加或减少会员的结算准备金。期货交易的结算实行分级结算，即交易所对其会员进行结算，期货经纪公司对其客户进行结算。每天结算后，资金在第二天期货交易所开盘后就可以直接取出来，而股市当天卖了股票，资金需要第二天才能取出来（除周六周日）。

3. 涨跌停板制度和熔断机制

又称每日价格最大波动限制，即指期货合约在一个交易日中的交易价格波动不得高于或低于规定的涨跌幅度，超过该涨跌幅度的报价将被视为无效，不能成交。熔断机制是为即将推出的股指期货设定的。沪深300指数期货合约的熔断幅度为上一交易日结算价的正负6%。在开盘之后，当某一合约申报价触及上一交易日结算价的正或负6%时且持续5分钟，该合约启动熔断机制。启动熔断机制后的连续5分钟内，该合约买卖申报不得超过熔断价，但可以继续撮合成交。启动熔断机制五分钟后，10%涨跌停板生效。每日收盘前30分钟内，不启动熔断机制。

4. 持仓限额制度

持仓限额制度是指期货交易所为了防范操纵市场价格的行为和防止期货市场风险过度集中于少数投资者，对会员及客户的持仓数量进行限制的制度。超过限额，交易所可按规定强行平仓或提高保证金比例。

5. 大户报告制度

大户报告制度是指当会员或客户某品种持仓合约的投机头寸达到交易所对其规定的头寸持仓限量80%以上（含本数）时，会员或客户应向交易所报告其资金情况、头寸情况等，客户须通过经纪会员报告。大户报告制度是与持仓限额制度紧密相关的又一个防范大户操纵市场价格、控制市场风险的制度。

6. 实物交割制度

实物交割制度是指交易所制定的，当期货合约到期时，交易双方将期货合约所载商品的所有权按规定进行转移，了结未平仓合约的制度。

7. 强行平仓制度

强行平仓制度是指当会员或客户的交易保证金不足并未在规定的时间内补足，或者当会员或客户的持仓量超出规定的限额时，或者当会员或客户违规时，交易所为了防止风险进一步扩大，实行强行平仓的制度。简单地说，就是交易所对违规者的有关持仓实行平仓的一种强制措施。

8. 风险准备金制度

风险准备金制度是指期货交易所从自己收取的会员交易手续费中（含向会员优惠减收部分）提取一定比例（20%）的资金，作为确保交易所担保履约的备付金的制度。当风险准备金达到交易所注册资本10倍时，可不再提取。

交易所风险准备金是为维护期货市场正常运转而提供财务担保和弥

补因不可预见的风险带来的亏损而设立的。交易所不但要从交易手续费中提取风险准备金，而且要针对股指期货的特殊风险建立由会员缴纳的股指期货特别风险准备金。股指期货特别风险准备金只能用于为维护股指期货市场正常运转提供财务担保和弥补因交易所不可预见风险带来的亏损。风险准备金必须单独核算，专户存储，除用于弥补风险损失外，不能挪作他用。风险准备金的动用应遵循事先规定的法定程序，经交易所理事会批准，报中国证监会备案后按规定的用途和程序进行。

投资者投资期货，除关注国内期货行情外，也要对以美国、伦敦等交易所为主的国际期货市场引起足够的重视，有些美国期货合约品种如大豆、铜对国内期货价格变动会有影响，国内投资者可以参考外盘行情。大型生产商与贸易商也可根据外盘行情做好套期保值，对冲现货交易损失。

信托——受托理财

信托起源于18世纪的英国，是建立在信任的基础上，财产所有者出于某种特定目的或社会公共利益，委托他人管理和处分财产的一种法律制度。信托，是一种理财方式，也是一种特殊的财产管理制度和法律行为，同时又是一种金融制度。

信托业务是一种以信用为基础的法律行为，一般涉及三方面当事人，即投入信用的委托人、受信于人的受托人，以及受益于人的受益人。信托业务是由委托人依照契约或遗嘱的规定，为自己或第三者（即受益人）的利益，将财产上的权利转给受托人（自然人或法人），受托人按规定条件和范围，占有、管理、使用信托财产，并处理其收益。

我国随着经济的不断发展和法律制度的进一步完善，于2001年出台了《中华人民共和国信托法》，其中第二条对信托的概念进行了完整的定义：信托，是指委托人基于对受托人的信任，将其财产权委托给受托人，由受托人按委托人的意愿以自己的名义，为受益人的利益或为特定目的，进行管理或者处分的行为。简单地说，信托就是“受人之托，代人理财”。

一般来说，信托具有以下基本特征：

（1）信用是信托的基石，信托的前提是委托人对受托人的信任，一是对受托人诚信的信任，二是对信托人承托能力的信任。

（2）信托成立的基础是信托财产及财产权的转移。简单来说，信托是以信托财产为中心的法律关系，设立信托就必须将财产权转移给受托人，这是信托制度与其他财产制度的根本区别。

财产权是指以财产上的利益为标的的权利，包括物权、债权、知识产权，以及其他除身份权、名誉权、姓名权以外的无形财产权，都可以作为信托财产。

（3）信托关系有委托人、受托人、受益人三方，设立信托对三方的权力义务都有明确的规定：

委托人将财产委托给受托人后对信托财产就没有了直接控制权；

受托人完全是以自己的名义对信托财产进行管理处分；

受托人管理处分信托财产必须按委托人的意愿进行，这种意愿在信托合同中事先约定，是受托人管理处分信托财产的依据；

受托人管理处分信托财产必须是为了受益人的利益。

（4）信托是一种由他人进行财产管理、运用、处分的财产管理制度。

信托这种独特的制度设计使其能很好地平衡财产安全性与理财效率两者间的关系，在为委托人提供充分保护的同时，方便了受托人管理，因而使其在个人理财中具有其他金融理财工具无法比拟的优势，主要表现在以下几个方面：

1. 规模效益

信托将零散的资金巧妙汇集起来，由专业投资机构运用于各种金融工具或实业投资，谋取资产的增值；二是专家管理，信托财产的管理运用均是由相关行业的专家来进行的，他们具有丰富的行业投资经验，掌握先进的理财技术，善于捕捉市场机会，为信托财产的增值提供了重要保证。同时，信托公司还可以根据客户的喜好和特性，量身定做标准产品，从而通过专家理财最大限度地满足委托人的要求。

2. 家族保障

信托可为家族财产提供保障，并保护资产不受侵害。诸如，可以避免使家族资产落入那些心怀不轨而与家庭成员结婚实则觊觎财产的人的手中，也可以避免使家族资产落入那些可能将家族财富挥霍殆尽的无能后嗣之手。

3. 继承安排

信托是安排财产继承的有效方法，让你可依照心愿，预先安排资产分配给各家庭成员、亲友、慈善团体及其他机构。在一些有继承限制的国家，信托可以帮助信托人弹性安排资产继承，使信托人的财富不用受到复杂冗长的遗嘱认证程序影响，让信托人指定的受益人能尽快继承应得资产。

4. 绝对保密

由于信托人的资产已转移至受托人名下，大多数的法定管辖区域均无关于公开披露的规定，而且信托契约无须向任何政府机构登记，亦不公开供公众人士查询，因此受益人的个人数据及利益均绝对保密，直至信托终止为止。此外，信托通常具有可充当公司股东之用，更可进一步隐藏公司实际拥有人的身份。

5. 规避和分散风险的作用

在法律许可的情况下，成立信托可使信托人的资产获得长期保障。由于信托财产具有的独立性，使得信托财产在设立信托时没有法律瑕疵，在信托期内能够对抗第三方的诉讼，保证信托财产不受侵犯，从而使信托制度具有了其他经济制度所不具备的风险规避作用。

6. 资产统筹及管理

信托可助信托人将分散的资产归纳入同一个架构之下，简化资产管理及统一财务汇报。

7. 税务规划

成立信托可减轻甚至豁免所得税、资本利得税、赠予税、财产税、遗产税等税务负担。

8. 灵活运用

信托契约中可保有适度的弹性（尤其是全权委托信托），以确保受托人随外在环境的变化，仍能为受益人谋求最佳的福利。

此外，信托还是可以被撤销的，受托人可以辞职（或被撤换）；若基于政治或其他因素，信托设立及执行的地点可以移转至其他法定管辖区域；信托财产的行政管理及操作、分配可随时更改。契约中与信托人切身相关的条款，常会受不同因素影响，其中包括信托人财产规划的目标、信托人所选择的信托法定管辖区域与居住国之法律，以及信托人所要求的信托灵活度等。

黄金——屹立不倒的市场硬通货

黄金的价值是天然的，作为“没有国界的货币”——黄金一直深受人们的青睐，黄金市场也成了一个永不过时的活跃市场。黄金市场的供应主要包括：世界各产金国的矿产黄金；一些国家官方机构，如央行黄金储备、国际货币基金组织以及私人抛售的黄金；回收的再生黄金。

国际黄金市场的主要参与者，可分为国际金商、银行、对冲基金等金融机构，各个法人机构，私人投资者以及在黄金期货交易中有很多作用的经纪公司。而其交易市场可以分为欧式、美式、亚式三种。

（1）欧式黄金交易市场，以英国伦敦黄金市场和瑞士苏黎世黄金市场为代表；

（2）美式黄金交易市场，以美国的纽约商品交易所和芝加哥商品交易所为代表；

（3）亚式黄金交易市场，以我国香港金银业贸易场和新加坡黄金交易所为代表。

全球各大金市的交易时间，以伦敦时间为准，形成伦敦、纽约、芝加哥连续不停的黄金交易，伦敦每天上午10：30揭开北美金市的序幕，然后是纽约、芝加哥。当伦敦下午定价后，纽约等地仍在交易中，此时香港也加入进来。伦敦的尾市会影响美国的早市价格，而美国的尾市会影响香港的开盘价，而香港和美国的尾市又会影响伦敦的开市价，如此循环。

在通货膨胀和灾难面前，黄金也是一种重要的财富保值工具。

黄金投资具有以下优点：

1. 对抗通货膨胀

近几十年来的通货膨胀几乎涉及所有国家，使得货币价值贬值，货币购买力日渐降低，钱变得不值钱了。

在一些极端的情况，国家的货币通货膨胀严重，钞票就会变得如同废纸一般。但是黄金本身属于贵重商品，金价会随着通货膨胀而上升，也就是黄金抵消了通货膨胀的损失，保证了投资者的资产不会被通货膨胀侵蚀。

2. 卓越的避险功能

黄金是一种稀有金属，长久以来一直是一种投资工具。黄金之所以可以避险，是因为它的价值高，并且是一种独立的资源，不受限于任何国家或贸易市场，它与公司或政府也没有牵连。因此，投资黄金通常可以帮助投资者避免经济环境中可能会发生的问题，而且，黄金投资是世界上税务负担最轻的投资项目。

当世界政局和经济不稳，尤其是发生战争或经济危机时，各种普遍的投资工具如股票、基金、房地产等都会受到严重的冲击，这时黄金就体现了很好的避险属性。即使遭遇经济危机，黄金的价格仍能维持不变甚至稳步上升，保持了资产的价值。而随着黄金矿藏的不断开采和需求的不断增加，黄金变得更加稀有，这增强了自身的避险属性。1944年黄金价格是每盎司35美元，如今黄金价格已超过每盎司1700美元，期间黄金价格趋势持续上升，投资黄金不会像投资股票和房地产那样会遭遇市场崩盘的情形。

3. 市场全球化

时至今日，黄金仍然是世界通行的硬通货。只要手中拥有真正的黄金，在世界各地的银行、首饰商那都能够把黄金兑换为当地的货币，黄金可以全世界通行无阻，它的货币地位比美元还要稳固。另外，黄金也是全世界都认可的资产，所有国家的人们对黄金的贵重价值都有共识。

黄金市场属于全球性市场，任何个人或财团都没有足够的资金来操控全球黄金市场，因此黄金价格能一直保持在反映实际供求关系的水平。

4. 可全天候交易

黄金是全球通行的交易产品。当一个国家的黄金市场休市时，地球对面另一个国家的黄金市场正在开市。由于全球各地的交易时间连成一线，24小时内黄金都有活跃的报价，因此可以随时进行交易。

5. 价值稳定，没有折旧问题

奢侈品和房地产都会遭遇折旧的问题，但黄金不存在折旧的问题，其光辉和价值是永久的。就算是当金饰久经佩戴变得失色时，黄金本身的价值并没有消减，市场上没有价格打了折扣的二手黄金，黄金只要重新清洗就可以恢复原来的光泽，甚至可以随时熔炼制造全新的金饰或金条。

黄金投资方式很多，各有技巧，但是万变不离其宗，投资者可以根据自己的兴趣选择最合适的交易对象。

目前，黄金投资主要分为实物黄金、纸黄金、黄金T+D、国际现货黄金（伦敦金）、黄金期货、黄金期权等比较流行的黄金投资形式。从市场规模上来看，商品实物黄金交易额不足总交易额的30%，90%以上的市场份额是黄金金融衍生品。

1. 实物黄金

实物黄金，通过买卖金条、金砖、金币和金饰等实质物品的黄金。实物黄金以1∶1的形式，即多少货币购买多少黄金保值，只可以在金价上升之时才可以获利。实物黄金适合收藏，需要坚持长期投资策略。

（1）金条、金砖。金条、金砖的变现能力非常好，一般情况下在全球任何地区都可以买卖，方便了投资者，而且大多数地区还不征收交易税，操作简单、容易。金条、金砖比较适合于有较多闲散资金且可以进行长期投资的人。在此，投资者要注意区分两种实物金条——投资型的实物金条和工艺品式的金条的区别。

实物金条报价是以国际黄金现货价格为基准的，加的手续费、加工费很少。投资型金条在同一时间报出的买入价和卖出价越接近，则黄金投资者所投资的投资型金条的交易成本就越低。

工艺品式的金条，溢价很高，因为有比较昂贵的加工费在里面，从某种程度上看工艺品式的金条已经不仅仅是纯黄金了，而是工艺品了。

（2）金银纪念币。我国从1979年开始发行现代金银纪念币，金银纪念币发行量小，材质贵重，有一定的投资价值，从而成为人们对资产进行保值、增值的一种较好的选择。

金银纪念币比较适合于对金银纪念币行情以及金银纪念币知识有较多了解的投资者，不适合做短线投资。

（3）黄金饰品。黄金饰品的收藏、使用功能要强于其投资功能。而且，由于黄金质地较软，一般黄金饰品都是以合金来制造，这也就是我们常见的18K、24K等。此外，黄金饰品都是经过加工的，商家一般在饰品的款式、工艺上花费了成本，这就增加了附加值，使其保值功能相对减少。除此之外，如果将旧的饰品出售，变现损耗就会较大。

从投资的角度看，黄金首饰并不适于做黄金投资，因为首饰在日常使用中，总会受到不同程度的磨损，而且将首饰变现也不太方便。因此买卖黄金饰品从严格意义上来讲是一种长期投资行为，或者是一种保值措施。

2. 纸黄金

纸黄金也叫黄金凭证，就是在黄金市场上买卖双方交易的标的物。它不是黄金实物，而是一张黄金所有权的凭证，类似于古代的银票。

纸黄金与国际金价挂钩，采取24小时不间断交易模式，为上班族的理财提供了充沛的时间。纸黄金采用T+0的交割方式，当时购买，当时到账，便于做日内交易，比国内股票市场多了更多的短线操作机会。

3. 黄金T+D

T+D里的“T”是Trade（交易）的首字母，“D”是Delay（延期）的首字母。

黄金T+D，是指由上海黄金交易所统一制定的、规定在将来某一特定的时间和地点交割一定数量标的物的标准化合约。黄金T+D的特点是以保证金方式进行买卖，保证金一般为合约值的6%～9%。交易者可以选择当日交割，也可以无限期的延期交割。上海黄金交易所是以当日的价格来交易的，尽管没有实物交割，但也属于现货交易。

黄金T+D交易的市场区域仅限国内，成交量及活跃度远不及国际市场。另外，黄金T+D手续费高于期货，低于实物黄金，与股票相当，风险介于期货、股票中间。

4. 国际现货黄金

以伦敦黄金交易市场和苏黎世黄金市场为代表。现货黄金是一种国际性的投资产品，由各黄金公司建立交易平台，以杠杆比例的形式向坐市商进行网上买卖交易。现货黄金也被称为第一大股票，因为现货黄金每天的交易量巨大，日交易量约为20万亿美元。现货黄金市场没有庄家，市场规范，自律性强，法律健全。没有任何一家财团和机构能够人为地操纵如此巨大的市场，完全靠市场自发调节，这就为黄金投资者提供了较大的安全保障。

国际现货黄金资金利用率高，一手只需保证金1000美元；金价波动大，获利概率大；24小时交易时段，尤其适合上班一族；T+0交易规则，提供多次投资机会；可做多做空，双向盈利；风险可控性强，有限价、止损保障；保值性强，升值潜力大；交易方便，可网上交易，也可以电话委托，交易软件简单易学；无庄家控盘。

5. 黄金期货

黄金期货是指以国际黄金市场未来某时点的黄金价格为交易标的的期货合约。投资人买卖黄金期货的盈亏，是由进场到出场两个时间的金价价差来衡量。契约到期后则是实物交割，是一个非常标准的合约。

2008年，上海交易所规定，黄金期货合约交易单位为每手黄金期货为1000克/手。黄金期货实行的是T+0交易，也就是当天买进当天就可以卖出。黄金期货具有杠杆作用，能做多做空双向交易，即使金价下跌也能赚钱，也能满足市场参与主体对黄金保值、套利及投机等方面的需求。当然，黄金期货风险较大，普通投资者参与要谨慎。

黄金期货推出后，投资者一般要向黄金期货交易所的会员经纪商开立账户，签署《风险揭示声明书》《交易账户协议书》等，授权经纪人代为买卖合约并缴付保证金。经纪人获授权后就可以根据合约条款按照客户指令进行期货买卖。

6. 黄金期权

期权是买卖双方在未来约定的价位具有购买一定数量标的的权利，而非义务。如果价格走势对期权买卖者有利，则双方可行使其权利而获利；反之，如果价格走势对期权买卖者不利，则双方可以选择放弃购买，损失的只是购买期权的费用。期权的费用受市场供求关系的变动而变动。在国内，中行首家推出了黄金期权交易，并未形成具有一定规模的市场。目前，世界上黄金期权市场并不多。

7. 黄金股票

黄金股票又称为金矿公司股票，是黄金公司向社会公开发行的上市或不上市的股票。买卖黄金公司股票不仅是投资金矿公司，还是间接投资黄金，因此投资黄金股票要比单纯投资黄金或股票复杂，投资者不仅要关注金矿公司的经营状况，还要对黄金市场价格走势进行分析。

总之，黄金交易市场是一种高风险、高收益、错综复杂的金融市场。影响黄金走势的因素日益复杂，黄金行情波动越来越烦琐，因此，投资者必须掌握好资金管理手段，才能保证投资收益。